To.

_____

_____

_____

_____

From

[할 일 많은 **직장인 아빠의 육아법**]

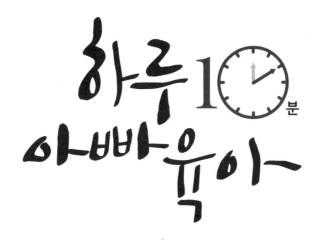

하루10분 아빠육아

안성진
지음

육아에 관심이 없다는 것은
자녀를 포기했다는 것이다.

O ECD가 발표한 '2015 삶의 질(How's life?)' 보고서에 따르면 한국인 아빠들이 아이들과 함께하는 시간이 고작 하루 6분이 라고 한다. OECD 평균인 47분에 비하면 턱없이 부족한 시간이다.

똑같은 한국인 아빠인 당신은 어떤가?

대부분의 대한민국 직장인 아빠들은 육아에 관심이 없다. 당신이 직장인이라면 당신 역시 육아에 관심이 없을 것이다.

아마 많은 아빠들이 이렇게 항변할 수 있다. 관심이 없는 게 아니 라 관심을 가질 시간이 없다고. 어쩌면 나름 관심을 가지려고 노력 하고 있다고 아빠로서의 체면을 세우려 할지 모르겠다.

그렇다면 육아에 대한 관심도를 스스로 점검해 보는 방법이 있다. 단 하나의 질문으로 스스로 육아에 대한 관심을 확인해 볼 수 있다. 잠시 생각해 보자.

육아서를 단 한 권이라도 읽어본 적이 있는가?

만일 '아니오'가 답변이라면 아빠로서 부끄럽게 생각해야 한다. 아빠가 될 준비를 아예 하지 않았다는 얘기다. 좋은 아빠가 되기 위한 노력조차 하지 않았다는 얘기다. 아이를 어떻게 키울 것인가에 대한 고민 없이 아이들을 키우고 있는 것이다.

단호한 얘기지만 육아에 관심이 없다는 것은 육아를 포기했다는 의미다.

세상의 모든 부모들이 육아를 배운 적 없으니 당연히 육아에 서툴다. 그런데도 육아법을 모르고 육아를 하겠다는 것은 쉽게 비유하면 설계도 없이 집을 짓는 것이고, 아무 계획 없이 여행을 떠나는 것과 같다. 하지만 육아는 내 아이의 인생이 달린 일이다. 우리 사회의 미래가 달린 일이다. 그냥 시도해보고 시행착오를 겪어도 되는 일이 아닌 것이다.

내 잘못으로 인해 자칫 내 아이의 인생을 망칠 수도 있는 일이다. 그런데도 육아에 손 놓고 기도만 하고 있을 것인가? 아빠 관심 없이

Prologue

육아에 관심이 없다는 것은
자녀를 포기했다는 것이다.

도 훌륭하게만 자라 달라고? 이것은 다리를 벌리지 않고 도랑을 건너겠다는 말과 같다. 나무 밑에 누워 떨어지는 감을 받아먹겠다는 것과 다름 없다. 육아가 얼마나 중요한 지에 대한 기본적인 고민이 없기 때문에 이런 일이 발생하고 있는 셈이다.

노력하지 않는 아빠도 문제지만 많은 육아서들이 읽기 부담스러운 측면도 있다. 초보 부모들이 실천하기에 너무 많은 것들을 요구하고 있기 때문이다. 특히 전문가들이 쓴 책은 어렵다. 이론에 치우친 책들이 대부분이다. 특히, 책 읽기에 익숙하지 않은 부모들이 책을 읽고 육아법을 실천하기가 쉽지 않은 선택이다.

육아는 눈앞의 현실이다. 즉시 현실에 적용할 수 있는 것들이어야 한다. 부모가 즉시 행동에 옮길 수 있어야 한다. 이 땅의 수많은 초보 부모들에게는 현실에 기반한 구체적인 육아법이 필요하다.

당연히 육아서는 읽기 쉬워야 하고, 재미있어야 하고, 실천하기 쉬운 것이어야 한다. 지금 즉시 할 수 있는 육아법이어야 한다. 단

10분만이라도 말이다. 내가 육아서를 쓰게 된 동기도 이 때문이다.

"중요한 것이 세 가지 이상이라는 것은 중요한 것이 없다는 것과 같다."

세계적인 경영석학 짐콜린스의 말이다. 어떤 것이든 간단하고 쉬워야 집중할 수 있다. 그래야 바로 실천할 수 있다. 읽기 쉽고, 재미있고, 실천하기 쉬운 육아법, 이것이 바로 이 책이 말하고자 하는 내용이다. 관심만 가지면 누구나 손쉽게 해 볼 수 있는 것들이다.

많은 육아서들이 제 각각 육아법에 대해 말하고 있지만 각각의 책들이 포함하고 있는 핵심은 간단하다. 아이도 행복하고 부모도 행복해야 한다는 것. 사실 아이들을 대할 때 이 원칙만 벗어나지 않으면 아이를 키우며 흔히 하는 실수들을 줄일 수 있다. 그리고 배운 육아법을 올바로 실천할 수 있다. 그러니 너무 많은 것을 배워 활용하겠다는 욕심은 버려도 좋다. 핵심만 깨닫고 실천하는 방법을 배우면 된다.

Prologue

육아에 관심이 없다는 것은
자녀를 포기했다는 것이다.

모든 운동을 시작하기 전에는 준비 운동이 필요하다. 갑자기 무리하면 몸에 탈이 난다. 운동을 전혀 하지 않던 사람이 무리하게 프로 선수들처럼 훈련을 하면 안 된다. 기껏 노력해서 얻는 것보다 잃는 게 더 많을 수 있다.

마찬가지로 육아를 처음 배우는 사람이 너무 욕심을 부리면 안 된다. 육아에 관련된 모든 책들을 찾아 읽고 실행하겠다고 욕심을 부리는 순간, 배운 것을 포기하려는 것과 같다. 육아는 실행력이 필수인데 너무 많은 것을 실천하겠다는 욕심을 내면 지치게 된다. 지치면 역효과가 생기기 마련이다.

평소 무관심했던 육아에 바로 관심을 기울이기가 쉬운 일은 아니다. 그래서 시작하기에 부담이 없는 것들, 실행에 전혀 부담이 없는 육아 실천법을 소개했다. 그리고 이 책이 우리 초보 부모들이 더 많은 육아서들을 찾아 읽도록 촉진제 역할을 해 주었으면 하는 바람이다.

그래서 내가 도움을 받았던 육아서들을 본문에 인용해 소개해 보았다. 책이 담고 있는 가장 핵심적인 내용을 정리했기 때문에 더 관심이 생길 경우 그 책을 사서 읽어보기를 권한다. 이 책을 시작으로 육아에 더 많은 관심을 가진 따뜻한 육아 아빠가 되기를 바라는 마음이다.

누군가 당신에게 육아서를 단 한 권이라도 읽어본 적이 있는가? 란 물음에 즉시 '그렇다'라고 대답할 수 있는 아빠, 준비된 아빠이기를 바란다.

대한민국 모든 직장인 아빠들이 육아에 힘쓰게 되기를 간절히 바라는 마음이다. 그것은 내 아이의 인생을 밝히는 일일 뿐 아니라 우리 사회의 미래를 바꾸는 일이다.

Prologue

목차

Chapter

01

직장인 아빠, 이제 아빠 자리를 찾자

임금은 임금답고 신하는 신하다우며,

아버지는 아버지답고 아들은 아들다워야 한다.

– 공자

①

반복되는
아빠의 후회

과거에 했던 일에 대한 후회는 시간이 지나면 잊힐 수 있다. 하지만 하지
않은 일에 대한 후회는 위안 받을 길이 없다.

- 시드니 J. 해리스 (미국의 저널리스트)

OECD가 발표한 '2015년 삶의 질' 보고서를 대하고 난 후 대한민국 아빠들이 많은 자극을 받았으리라 생각한다. 아마 대부분의 직장인 아빠들이 후회막급일 것이다. 아이들과 맘껏 놀아주지 못하고 있기 때문이다.

월요일 출근 후 지난 주말을 되돌아보면 더욱 그렇다. 어쩌면 한 치의 오차도 없이 월요일만 되면 똑같은 후회를 반복하는 걸까? 반성하고 잊고, 반성하고 잊는 악순환을 계속하고 있는 셈이다. 원인은 단 하나다. 알고도 고치지 못하는 고질병, 잘못된 주말 습관, 그리고 나만 생각하는 이기심 때문이다. 아빠 자격 시험이 있다면, 낙제점을 받을 만하다.

핑계거리가 없는 것도 아니다. 매일 직장에서 받는 스트레스를 주말에 몰아서 풀려고 하니 아이들과 놀아줄 기력이 없다는 것이다. 물론 거기엔 기력이 약해짐에도 불구하고 건강관리에 관심을 가지지 않는데도 원인을 찾을 수 있다. 평소 건강관리, 체력관리를 꾸준히 했다면 주말에 모래성이 물에 쓸려가듯 허물어지진 않을 텐데.

그래서 이러한 악순환을 막기 위해 건강관리가 절실하다. 피로로 후줄근해진 상태로 아이들이 놀아달라는 말에 적절히 대응하기란 사실상 힘들기 때문이다. 아이들이 원하는 만큼 놀아주는 건 거의 불가능에 가깝다. 아이들은 아무리 놀아도 지치지 않기 때문이다.

주말 오전에 가족들과 함께 산행을 하고 돌아오는 길에 있었던 일이다. 몇 시간을 야외에서 보내고 집에 도착하기만 하면 씻고 쉬고 싶은 마음으로 집으로 돌아오는 길이었다. 그런데 아이들은 그게 아니다. 쉬겠다는 생각을 바로 접게 만드는 아이들의 한마디,

"아빠 집에 가면 바로 축구 하러 나가요. 네?"

그럴 때마다 느끼는 건 좋은 아빠는 무조건 수퍼맨 같은 체력을 가진 존재여야 한다는 사실이다.

아이들이 놀고 싶어하는 만큼 놀아주지 못하면 아이도 아빠도 늘 불만족이다. 좋은 아빠가 되고 싶어도 늘 자격 미달이 된다.

대부분의 직장인 아빠들 일상이 이렇다. 지친 몸으로 아이들과 놀아주는 데는 한계가 있다. 억지로 놀아주더라도 30분이나 1시간이 한계인 경우가 많다. 그만큼이라도 하면 다행일 때가 있다. 아예 누

워 못 일어나는 경우도 있으니 말이다.

직장인 아빠는 힘들다. 주말이 와도 업무가 이어지는 경우가 많다. 그러니 아이와 놀아줄 수 있는 시간이 나는 것만 해도 다행이라 여겨야 한다. 하지만 회사일로 이미 지친 아빠들이 아이들을 위해 쓰는 시간은 그리 많지 않다. 그래서 육아는 엄마가 전담하고 아빠는 돈이나 벌어다 주는 돈벌이 기계로 전락해 버리는 것이 아닐까?

하지만 아이들이 어릴 때 육아에 힘쓰지 않으면 가까운 미래에 반드시 후회하게 된다. 내 아이들이야 아직 초등학생들이라 아빠가 퇴근해 집으로 돌아가면 무척 반가워한다. 같이 놀자고 하고 산책도 나가자고 한다. 친구처럼 편하다. 아이들이 훌쩍 커버리면 부모보다는 친구들과 어울리는 걸 더 좋아한다고 하지만 우리 아이들은 아직 그 단계는 아닌 듯 하다.

지금 중년 세대들의 어릴 적 부모들은 다 살갑지 않았다. 아이들은 그냥 저절로 크는 거라고 믿었다. 그러니 어떻게 키울 것인가 고민할 필요도 없었다. 문제는 이렇게 훌쩍 크고 나니 부모 자식 간의 사이가 어색하다. 둘만 덩그러니 방안에 있으면 대화거리가 없다. 원래 대화가 없는 사이였으니까. 부모 자식 간인데, 가족인데 서로 어색한 참 기묘한 상황이 자주 벌어진다.

일찍이 내 아이들과는 이러면 안되겠다는 경각심이 들었다. 아이들과 벽이 생길 틈을 주지 않으려고 많은 노력을 했던 것 같다. 아이들이 아빠를 보면 언제나 좋아하고 학교에서 있었던 아주 사소한 이야기들도 재잘거리면서 내게 해주기를 바랐다. 다행히 우리 아이들은 내가 어릴 때와는 다르게 컸다. 아빠와 얘기 나누기를 즐기고 함께 놀고 싶어한다. 단지 내가 아이들이 원하는 만큼 보조를 맞추지 못할 뿐이다.

훌쩍 커버린 자녀들과의 관계가 서먹해지고 나서 후회해본들 마음만 아플 뿐 시간을 되돌릴 방법은 없다. 어릴 때부터 차곡차곡 쌓여온 서로 간의 대화의 벽이 성벽처럼 단단해지고 나면 나중에는 어찌해볼 도리가 없는 지경에까지 이른다. 그 시간을 만회할 방법이 딱히 없다.

성인이 된 딸이 마음 속에 쌓아둔 감정의 무게를 견디지 못하고 부모 앞에서 울음을 터뜨리며 성장하며 쌓아왔던 마음의 상처들을 얘기하는 장면을 본 적이 있다. 한참 어릴 때 마음 속에만 담고 하지 못했던 이야기를 성인이 되어서야 떠올리고 한풀이 하듯 부모에게 섭섭함을 쏟아내는 상황. 거기서 부모가 할 수 있는 일이 무엇일까? 지난 날을 돌이켜 보며 후회해 본들 무슨 소용이 있겠는가?

시간은 한번 지나고 나면 되돌릴 수 없다. 세월이 흐른 후 많은 사람들이 하지 못한 일들로 후회한다. 그 중 되돌릴 수 없어 안타까운 한 가지가 육아에 관한 것이다. 날로 커가는 아이들에게 좀 더 어릴 때 잘해주지 못한 것에 대한 후회다. 내 아이들은 이제 초등학생인데도 그렇다. 아이들이 커가면 커갈수록 더해갈 것 같다. 아이들이 어릴수록 부모의 사랑과 관심이 중요한데도 시기를 계속 놓치고 있기 때문이다.

요즘은 아기가 뱃속에 있을 때부터 부모 역할이 시작된다. 태교, 난 그걸 못했다. 아이들이 나의 무지와 게으름 때문에 잠자고 있는 잠재력을 깨우지 못했을 것 같기 때문에 늘 죄스럽다. 태어나서도 꾸준히 책을 읽어주면 좋다는데 성실히 임하지 못했다. 책에 좀더 가까워질 수 있는 환경을 만들어주지 못한 것이다. 아이들 성장 단계별로 필요한 육아법에 대한 책을 읽을 때마다 이미 지나간 시간에 대한 후회가 쓰나미처럼 밀려온다. 내가 아이들 인생을 망치고 있단 생각이 들 때가 많다.

육아만큼은 초심을 잃지 말고 한결같아야 한다. 어느 부모나 자기 자식을 사랑하지 않는 사람은 없다. 단지 사랑을 표현하는 방법이 다르거나 제대로 표현을 못할 뿐이다. 중요한 것은 아이가 정말 사랑스러운 존재라면 그에 맞는 표현을 해야 한다는 점이다. 사랑하는 아이를 때렸다던지 아이가 기죽을 만큼 야단을 쳤다던지 하는 것은 사랑하는 대상에 대한 태도가 아니기 때문이다.

한결 같은 사랑을 주지 못하기 때문에 아빠 엄마는 뒤늦게 미안함을 느끼게 된다. 끝없이 반복되는 후회다. 아이들은 모두 미숙하다. 부모 마음에 쏙 들 수가 없는 것이다. 그래서 아이들이 성장할 수 있도록 부모는 가르치기 위해 노력해야 한다. 물론 따끔하게 혼을 내야 할 때도 있다. 반드시 그런 대응이 필요할 때만 써야 하는 수단이다. 일순간의 흔들린 감정으로 아이를 잘못 대하고 나면 결국, 손해 보는 건 부모 자신이다. 시간이 지나면 반드시 후회한다. 아이들에게는 마음의 상처만 남는다.

금요일 저녁이 되면 10분만 시간을 내서 주말 계획을 세우자. 고민할 필요 없이 주말은 산으로 공원으로 무조건 아이들과 야외활동을 하면 좋다. 전날 새벽까지 술자리가 이어졌다고 해도 망설임 없이 나가야 한다.

밖으로 나가보라! 숙취로 몸이 힘든 날에도 밖에서 활동을 하다 보면 저절로 상태가 호전됨을 체험한다. 숨찬 활동으로 깊은 호흡을 해대면 알코올 기운도 빠져나감을 느낀다. 하루 종일 자면서 술을 깨는 것과는 비교도 안될 정도로 빠르게 몸을 호전 시킬 수 있다. 내 몸 관리도 하고 아이들과도 시간을 보내는 야외활동을 계획하자. 아이들과 함께 한 시간이 많을수록 월요일의 후회는 줄어들게 된다.

❷
아이가
소중해지는 순간

우리 모두 언젠가 죽게 된다는 사실을 기억한다면 삶은 전혀 다른 의미를 가지리라. 30분 후에 죽을 거라고 생각하는 사람은 어리석은 행동을 하지 않는다.
                                                                    - 톨스토이

'네 생각이 난다. 해일처럼 밀려온다. 그 높은 파도가 잔잔해질 때까지 나는 운다.'

딸을 먼저 하늘나라로 보낸 아버지의 심정이다. 사랑하는 이를 먼저 보내고 난 후 밀려오는 슬픔을 우리는 과연 감당할 수 있을까? 이 시대 대표 지성 이어령이 쓴 《딸에게 보내는 굿나잇 키스》를 펼치고 위의 문구를 읽으면서 얼마나 가슴이 먹먹했는지 모른다. 언제부턴가 아이들이 포함된 사건 사고나 슬픈 사연들을 들으면 남의 얘기 같지 않게 느껴지기 시작했다. 부모가 되고 나니 그렇다. 남의 아이들 얘기를 들으면 우리 아이들 얘기 같을 때가 많다.

상상하기 힘든 일이지만 이어령 교수와 같은 처지가 됐을 때의 부모 심정을 헤아려본다. 아이를 먼저 보내고 난 후의 부모 심정 말이다. 마냥 예쁘기만 했던 아이, 아빠 엄마 앞에서 재롱을 떨던 아이가 이 세상에 없는 현실이 믿어지기나 할까? 살아생전 못해준 일들, 아이 가슴에 못 박은 일들이 선명하게 떠오를 때마다 찢어지는 가슴을 어떻게 감당할 수 있을까? 떠나간 아이가 다시 돌아와 준다면 목숨까지도 버릴 수 있다는 맹세까지 하게 되지 않을까? 아이가 없는 현실이 꿈이었으면 하는 바람이 얼마나 간절해질까?

얼마 전 세월호가 물속으로 가라앉는 동안 나 역시 악몽 같은 나날을 보냈다. 아침에 알람 소리를 듣고 깨어날 때마다 아이들이 구조됐다는 소식이 들리기를 간절히 소망하며 핸드폰으로 뉴스를 제일 먼저 확인 했다. 아이들이 처한 상황이 생생하게 그려져 제발 꿈이기를 바랐다. 자식을 둔 부모들의 마음이 모두 똑같았을 것이다. 하물며 실종된 아이의 부모들이 겪은 심적 고통은 어땠을까?

아이들의 소중함을 깨우치기 위해 굳이 이런 예까지 들어야겠냐고 항변할 수도 있다. 아이들에게 매몰차게 야단치는 아내에게 이런저런 비유를 했다가 못하는 소리가 없다고 야단 맞은 적도 있다. 하지만 아이들의 소중함을 즉시 일깨우는데 이만큼 좋은 방법을 나는 알지 못한다. 오히려 아이에게 문제가 생겼을 때 후회로 얼룩진 삶을 사는 것보다 훨씬 더 낫다. 못다한 사랑에 대한 후회를 하기 전에 매 순간 아이를 소중하게 느끼고 그 느낌 그대로 아이들을 대하면 되는 것이다.

나는 가끔 아이들이 듣는 앞에서 '너희는 하늘이 엄마 아빠에게 준 선물이고 천사'라고 얘기하곤 한다. 엄마 아빠가 아이들을 얼마나 소중하게 생각하는지 직접 느끼게 해주고 싶어서다. 하지만 말처럼 행동이 한결같지가 않아 문제이다. 아이들을 키워 본 부모라면 아이들과 지내면서 매일 웃을 일만 생기지 않는다는 걸 분명히 알고 있을 터이다. 때론 야단치고 소리를 치게 되는 경우가 있다. 그런 경우에도 아이들이 사랑 받고 있다는 느낌을 갖도록 해야 한다. 그냥 화풀이 하듯 아이들에게 상처를 줘선 안 된다는 얘기다.

이어령 교수의《딸에게 보내는 굿나잇 키스》를 읽게 된 계기도 내 아이들의 소중함을 책을 보며 나의 내면에 일깨우기 위함이었다. 장성한 딸이 먼저 불효를 저지른 경우이긴 하지만 아버지의 눈엔 다 큰 아이에게서도 추억 속의 아이를 본다. 그 시절의 애틋함이 다 큰 아이에게 투영되는 것이다.

책에서 이어령 교수는 아이가 어릴 때 못해준 일들로 인한 후회들을 가장 마음 아파한다. 딸이 어느 인터뷰에서 아빠의 사랑을 받고 싶었다고 얘기한 인터뷰 기사 이야기가 나온다. 이어령 교수는 단 한 순간도 딸에게 제대로 된 사랑표현을 못했던 것 같다. 낡은 비디오테이프를 되감듯 아이가 살아있던 그 시절로 되돌릴 수 있다면 단 30초면 충분했을 사랑의 표현을 해보고 싶다는 간절함을 표현하고 있다.

지금 아이를 키우는 부모들이 빠지지 않고 매일 해야 할 일 중 하나가 이것이다. 아이가 부모의 사랑을 매일 느낄 수 있게 해주는 것. 우리의 일상을 가만히 들여다보면 생각 외로 각박하다는 걸 발견하게 된다. 가족 간에 얼마나 사랑한다는 표현을 하는지, 서로 눈을 맞추고 대화하는지를 살펴보자. 의외로 그런 시간이 없다는 것을 깨닫게 된다. 단지 집 안에서 같은 공간을 공유하고 있다고 해서 가족이라 여기고 사는 건 아닌지 생각해볼 문제다.

이어령 교수는 단 30초면 사랑을 표현하기에 충분하다고 했지만, 아무리 바쁜 일상에 쫓기더라도 최소한 10분 이상 아이에게 안정감 있는 관심과 사랑을 전해야 한다. 시작은 30초로 한다. 대신 한번 시작하면 10분은 아이와 보낸다는 각오여야만 한다. 제대로 표현하지 않는 사랑은 상대에게 전해지지 않는다. 반드시 시간을 내서 사랑을 전할 수 있어야만 한다.

표현이 어색한 아버지들이 단골로 하는 말이 있다. '꼭 말로 해야 알겠느냐?'고. 이렇게 대답하고 싶다. '네, 꼭 말로 표현하세요!'라고.

지금 아이의 소중함을 절실하게 깨닫고 있어야만 말과 행동을 그에 맞게 하게 된다. 후회를 줄이는 말과 행동들을 하게 된다. 아래 글은 CnE 혁신연구소 곽숙철 소장의 블로그에서 만난 글인데 따로 저장해 두고 가끔 읽고 있는 글이다.

부모님을 여읜 어린 남매가 아우슈비츠 수용소에 들어가게 되었다. 기차를 타고 가던 중 동생이 신발을 잃어버렸다. 누나는 동생을 꾸짖었다.

"이 바보야, 자기 물건 하나 못 챙기고. 너 도대체 왜 이러는 거야?"

기차가 도착하고 둘은 헤어졌다. 그리고 그것이 영원한 이별이 되었다. 동생은 수용소에서 죽음을 맞이했고, 누나는 운이 좋아 살아서 나올 수 있었다. 동생을 보내고 살아 나온 누나는 이렇게 다짐했다.

"내가 남길 마지막 말이 되기에 부족한 말은 앞으로 절대 하지 않으리라."

이 글을 보자마자 아내에게 카카오톡으로 내용을 보내 줬던 기억이다. 그 당시 아내도 나와 같은 결심을 했다. 절대 아이들에게 상처 주는 말을 하지 않겠다고. 물론 아빠인 나에 비해 아이들을 대하는 시간이 절대적으로 많은 아내에게 현실적으로 그렇게 하기가 쉽지 않음을 시간이 지나고 깨닫기도 했지만 말이다.

그 어떤 결심도 시간이 지나면 자신을 구속하지 못하는 경우가 흔하다. 익숙한 일상으로 쉽게 돌아가 버리기 때문이다. 그래서 대부분의 사람들이 결정적인 순간에 가서야 통한의 눈물을 흘리게 된다. 마치 이렇게 될 줄 몰랐다는 듯이 말이다.

모든 사람들의 삶은 유한하다. 그런데 마치 영원히 살 것처럼 살면서 잘못을 저질러도 만회할 거라 착각하는 듯하다. 죽기 전에 이르면 후회 없는 인생은 없다. 누군가의 죽음 앞에서도 마찬가지다. 특히 부모님의 경우 그렇지 않던가? 살아계실 때 잘하지 못한 것을 후회하지 않는 이가 없다. 어쩌면 우리들 대부분은 후회로 얼룩질 삶을 알고도 그냥 방치하고 사는 것처럼 느껴진다.

사랑한다는 표현을 절대 미루면 안 되는 이유가 그런 것이다. 미루고 미룰수록 후회는 깊어질 것이다. 나를 포함한 나의 가족 모두의 마지막은 어떤 순간이 될 지 알 수 없다. 내가 남길 마지막 말이 되기에 부족한 말은 절대로 입에 담아선 안 된다. 단 한번의 실언이 평생 후회로 연결될 수 있기 때문이다.

그럴 자신이 없다면 평소 좋은 습관 하나를 미리 만들어 놓으면 좋다. 아이들과 대화할 때 절대로 건성으로 대하지 않는 것이다. 대화를 할 땐 아이 눈을 똑바로 보되 사랑한다는 메시지를 눈으로 전한다는 느낌으로 시선을 맞추면 된다. 하루 10분 만이라도 이런 태도로 아이를 대해보라 자연스럽게 아이를 대하는 모든 태도가 바뀐다. 건네는 말도 달라진다. 이것이 사랑하는 대상에 대한 표현법이다.

❸
좋은 아빠
나쁜 아빠

**내가 아이를 평소에 사랑스런 눈빛으로 바라봤다면 아이는 스스로를 사
랑스런 존재로 생각하고, 만약 눈길조차 주지 않았다면 그 아이는 스스로
를 없는 존재로 생각할 수 있습니다.**

– 한겨레베이비트리, 《고마워, 내 아이가 되어줘서》에서

퇴근 시간이 다가오면 휴대폰이 울리면서 아내의 이름이 뜬다. 전
화를 거는 사람은 이름 그대로 아내이거나 두 아들 녀석 중 하나다.
누가 걸었던 간에 용건은 똑같다. '오늘 일찍 들어오세요?' 혹은 '아
빠 언제 오세요?' 둘 중 하나다.

아내는 저녁 식사 준비 시간을 맞추기 위해서 전화한 것이고 아이
들은 아빠가 언제 집에 오는지 알고 싶어서 전화한 것이다. 아이들
이 아빠를 기다리고 있다. 그런데도 아이들 전화를 무심히 받아 왔
다. 왜 전화했을까? 하고 의문을 달아본 적이 없다. 대신 아이들 전
화를 받으면 기분이 좋다. '녀석들이 아빠를 기다리고 있구나'하고
막연하게 나마 느끼며 사는 것 같다.

같은 동네에 사는 직장 동료도 자주 아이 전화를 받는다. 아빠 언제 오냐고 묻는 전화다. 그럼 그 친구는 시계를 잘 못 보는 어린 아들에게 시계바늘이 어디에 와야 아빠가 도착한다는 식으로 도착 시간을 알려준다. 그 아이도 아빠를 기다리는 것이다.

아이들에게 아빠란 존재는 특별할 수 밖에 없다. 늘 함께 놀아줘서가 아니다. 실제 나는 집에 들어가면 저녁 식사를 하고 아이들과 주위 산책 정도 밖에 안 한다. 그리고 산책 후에 마트에 들러 아이들 간식을 사주는 정도다.

아이들이 학교에서 공부하고 학원 갔다 집으로 돌아오면 밤이다. 이제 초등학생인 아이들 일상이 그렇다. 늘 친구들과 함께 놀지 못하는 것을 아쉬워한다. 하지만 시간을 더 늘려 쓸 수 없는 이상 다른 대책을 줄 수 없는 노릇이다. 그러다 보니 그나마 편하게 할 수 있는 아빠를 찾는 것 같다. 하루 종일 간섭하는 엄마로부터 조금은 자유롭기 때문일지도 모른다.

난 회사에서도 가정적인 아빠로 알려져 있다. 그게 칭찬이 아니란 걸 나도 안다. 가정에 충실하다는 건 사회생활에 불성실하다는 의미도 내포되어 있기 때문이다. 술을 즐기지 않고 인간관계도 폭넓지 않아 그럴 수도 있지만 난 일단 퇴근 시간이 지나면 가족들이 있는 집으로 가는 것을 일차 목표로 한다. 그렇다고 회사생활이나 인간관계에서 딱히 손해 본다는 생각이 들지는 않는다. 지금 직장에서도 16년 가까이 근무하며 딱히 문제된 적이 없으니까.

직장인들 모두 퇴근 후 시간이 자유롭진 않다. 업무가 끝나고 회식이나 접대자리로 이어지기도 한다. 그런데 일상생활에도 관성이란 게 있다. 나처럼 퇴근 후 귀가를 우선하는 경우 대부분 별일 없으면 집으로 향한다. 하지만 저녁 식사가 자주 있는 직장인의 경우는 다르다. 약속이 없는 날 그냥 집에 가기가 왠지 아쉬운 것이다. 삶의 관성이 쉽게 일상을 결정하게 된다.

나도 한 때는 그랬다. 업무가 힘들고 엄청난 스트레스로 시달릴 때 일주일에 서너 번은 동료들과 식사를 하면서 한 잔씩 하고 들어갔으니까.

업무에 대한 스트레스가 심하면 직장에서 사실상 가족을 떠올리기 힘들다. 그렇다고 지금 여유가 있어 내 가족을 우선하는 것은 아니다. 회사 업무와 이런 저런 고민으로 흰머리가 날로 늘고 있으니까. 단지 인생에 우선 순위가 무엇인가에 대한 원칙은 지킬 수 있어야 하겠다. 우선 순위에 대한 생각 없이 살다 보면 정작 중요한 것을 놓치고 나중에 후회하는 일이 다반사다. 가족이 내게 의미하는 가치에 대해서 깊이 생각해야 하는 이유 중 하나가 그것이다.

아이들이 아직 초등학생이지만 난 늘 후회막급이다. 아이들이 어릴 때 더 잘해주지 못했기 때문이다. 육아서를 읽으면 유아기부터 부모가 챙겨야 할 일들이 많다. 그 중 못해준 것들에 대한 후회들이 나를 괴롭힌다. 핵심은 단 하나다. 더 사랑해주지 못했다는 것. 거기에는 자상하게 대화를 나누고, 재미있게 놀아주고, 책을 더 많이 읽어주는 등의 다양한 일상의 활동들이 포함된다.

그런 후회들이 쌓이고 쌓이다 보면 아이들에 대한 미안함도 누적되기 마련이다. 그리고 훌쩍 자란 아이들을 보면서 세월이 유수와 같이 빠름을 한탄하게 된다.

더 미안해지기 싫어서 지금 해줄 수 있는 최선을 다하려고 노력 중이다. 일찍 가서 함께 해주려고 노력하고, 다정하게 말을 건네고, 아이들 감정변화에 민감하게 반응하고, 절대 부정적인 이미지를 주지 않으려고 하고 아이와 대화할 땐 늘 따뜻한 시선을 교환하려고 하고 밤이면 감기는 눈을 부릅뜨고 책을 읽어주려고 한다.

내가 생각하는 좋은 아빠는 회사에서도 가끔 아이들을 생각하는 아빠다.

그런 아빠가 퇴근 후 아이들 곁으로 먼저 가고 싶어하기 마련이다. 가족을 우선하는 자세는 인생에서 중요한 것이 무엇인지를 깨닫고 그 깨달음에 따라 사는 것과 같다.

말로는 아이들을 사랑한다고 곧잘 한다. 심신이 편안할 때는 아이들과 잘 놀아주기도 하고 즐겁게 대화도 나눈다. 중요한 것은 늘 아이들을 사랑하는 마음을 지니고 있는 것이고, 심신이 지쳐 힘들 때도 아이들과 놀아줄 수 있어야 하고 기분이 다운되어 있어도 아이들과는 즐겁게 대화할 수 있어야 한다는 것이다. 아빠의 태도가 '그때 그때 달라요'가 되어 버리면 아이들이 아빠의 사랑을 절대 신뢰하지 않는다.

어찌 보면 이 땅의 수많은 아빠들이 경제적인 짐을 짊어졌다는 이유로 아빠 역할을 포기하고 살고 있는지 모른다. 좋은 아빠의 역할이 무엇인지 몰라 그럴 수도 있다. 어떤 경우든 인생에 있어서 가족의 의미를 되새기고 자신에게 가족의 위상이 어느 정도인지를 늘 가늠하고 있어야 한다. 한번 눈을 떼고 그것이 습관이 되면 가족은 일상의 우선순위에서 쉽게 뒤로 밀려나 버린다.

그럼 어떻게 하면 좋은 아빠가 될 수 있을까? 관심만 있다면 방법은 간단하다. 하루를 사는 중간 중간 아이들을 떠올리고 사랑하는 마음을 가슴 속에 다지면 된다. 중요한 것은 매일 매일 실천해야 하는 것이다. 하루 단 10분만 떠올려보자. 10분은 상징적인 시간일 뿐이다. 업무를 보는 동안 단 10분 아이들을 생각하고 집에 있는 동안에도 10분만 시간을 내 아이들에게 어떻게 사랑을 전할 수 있을까 고민해보는 것이다.

습관의 재발견이란 책이 베스트셀러가 된 적 있다. 그 책의 핵심은 일단 시작하기에 부담되지 않는 목표를 세워보라는 것이다. 예를 들어 매일 팔 굽혀 펴기를 하기로 했다면 하루 한 개를 목표로 세운다. 그리고 단 한 개를 하다 보면 탄력을 받아 더 하게 된다는 것이다. 목표가 하나라고 해서 한 개만 하고 마는 사람은 없다. 시작하기에 부담 없는 목표를 세우면 일단 시작하게 되고 시작하고 나면 목표한 개수 보다 더 많은 것을 하게 된다는 원리다.

육아에 관심을 가지는 방법도 이런 원리를 도입하면 된다. 하루 10분만 아이와 놀아주겠다, 잠들기 전 단 10분만 책을 읽어 주겠다와 같은 목표설정, 10분이 별 것 아닌 것 같이 느껴질 것이다. 그동안 단 1분도 아이들을 위해 시간을 내려고 하지 않았던 아빠들은 아이들과 맘껏 어울리지 못했을 것이다. 아이들도 안다. 아빠가 신나게 놀아주지 않았다는 걸 말이다.

그런데 어찌된 일인지 아빠가 먼저 말을 걸고 놀아주려고 한다. 책을 읽어주겠다고 한다. 아이들은 아마 충격을 받을지도 모른다. '우리 아빠가 달라졌어요' 하고 말이다.

단 1분이라도 아이들을 생각하는 시간을 갖는다면 그것이 기폭제가 되어 아이들에게 더 많은 관심을 기울이게 될 것이다. '습관의 재발견 원리'라고 해두자.

우리 뇌의 측좌핵을 의욕의 뇌라고 부른다. 아무리 귀찮고 하기 싫은 일이라도 일단 시작하고 나면 의욕이 절로 생긴다. 무엇이든 시작하고 나면 작업을 시작했다는 신호가 측좌핵에 보내지고 측좌핵은 자기 흥분을 일으킨다고 한다. 그리고 뇌의 각 부분으로 "의욕"이라는 지령을 내리게 된다.

뇌 과학에서는 이런 일련의 흐름을 "작업흥분"이라고 하는데, 무슨 일이든 일단 시작하고 나면 우리 뇌가 그 일을 하게끔 조력자로 나선다는 얘기다.

무엇이든 시작하기가 제일 힘들다. 처음 관성을 만들어야 하니까. 일단 움직이고 나면 추진력이 생긴다. 심신이 지쳐 있을 때 아이들이 놀자고 달려들 때마다 귀찮기만 했다면 단 10분만 놀아주자고 생각하고 벌떡 일어나 달려나가자. 그 다음엔 몸이 원하는 대로 맡겨놓기만 하면 된다.

있어도 읽지 않는
육아서

나는 세상을 강자와 약자 성공과 실패로 나누지 않는다. 나는 세상을 배

우는 자와 배우지 않는 자로 나눈다.　　　　－ 벤저민 바비

　우리나라 국민들 독서 수준이 다른 선진국들에 비해 턱없이 형편없다는 사실을 언론이나 책을 통해 자주 접한다. 굳이 그런 자료가 없더라도 주위에 독서하는 사람들이 얼마나 있는지 살펴보면 우리들의 독서 수준에 대한 감을 대충 잡을 수 있다. 주위 국가들 일본, 중국 국민들보다 더 책을 안 읽는다고 하니 우리나라 국민들이 얼마나 책을 멀리하는지 알만하다.

　스마트폰이 널리 보급되면서 달라진 풍경들이 많다. 지하철을 타면 이제 책 읽는 사람을 찾기가 힘들다. 대부분의 사람들이 책을 보듯 고개를 숙이고 있는데 알고 보면 전부 스마트폰을 만지작거리고 있다. 그럴 시간에 이 사람들이 모두 책을 본다면 지금보다 훨씬 더 국민의식이 높아지고 우리나라는 초강대국의 반열에 올라서지 않을까 싶을 정도다.

나 역시 열심히 책을 보는 편은 아니지만 손에서 책을 놓지 않으려고는 노력한다. 어디를 가나 책 한 권을 가지고 다니는 게 습관이 됐다. 어디서든 혼자 있는 시간에 책이 없으면 안 된다. 그래서 책볼 시간이 없는 외출을 할 때도 만약의 경우를 대비해 부피가 작은 책 한 권은 챙겨가야만 직성이 풀린다.

요즘은 전자책이 있어 한결 간편해 졌다. 스마트폰에 책을 담아 볼 수 있어 얼마나 간편한지 모른다. 물론 액정 화면이 너무 작다면 눈의 건강에 좋지 않으니 주의할 일이다.

몸을 건강하게 유지하기 위해 시간을 내서 운동을 해야 하듯이 우리 의식의 성장을 위해서 반드시 책 읽는 시간을 따로 내야만 한다. 운동을 하지 않으면 살이 찌거나 몸에 이상이 생기기 때문에 운동을 챙겨서 하게 된다. 하지만 우리 두뇌를 성장시키는 독서는 하지 않는다고 해서 생활이 당장 불편해지진 않기 때문에 자연스럽게 소홀해진다.

독서에 소홀한 이유가 그냥 바빠서다. 사실 독서는 습관이 되지 않으면 꾸준히 하기 어려운 특성이 있다. 혼자 읽는 시간을 내야하고 집중을 해야 하기 때문에 의식적인 노력이 없으면 습관화하기 좀처럼 힘든 게 사실이다. 바쁘면 못한다. 절실하지 않으니 우선 순위에서 밀린다. 그렇게 책에서 멀어지고 나면 책을 잡기 힘들어진다.

모든 부모들이 독서가 유익함을 알고 있다. 어떤 부모라도 아이들에게 책을 읽히려고 노력하지 않는 부모가 없다. 심지어 자기는 읽지 않으면서 아이들에게는 놀 시간에 책 읽으라고 야단친다. 좋은 걸 아이들에게 시키려고 하는 건 좋지만 아이들은 부모가 책을 잘 읽지 않는다는 사실에 평소 주목하고 있다가 기회가 생기면 이렇게 반격한다는 사실을 잊지 말자.

'아빠 엄마는 안 읽으면서 우리한테만 그레'.

좀 짓궂게 표현하자면 자기들 하기 싫은 일을 왜 우리한테는 시키냐는 의미다. 이런 반격을 받으면 어떻게 대응할 것인가? 책 읽지 않는 부모의 딜레마이다.

"단 한 권의 책 밖에 읽지 않는 사람을 경계하라!"

내가 이렇게 말하면 불끈 할 사람이 많을 것이다. 왜? 우리나라 국민들의 평균 독서량이 월 한 권도 안되기 때문이다. 사실 이 말은 영국의 정치가 디즈레일리가 한 말이다. 책을 읽는 지성들은 책 읽지 않는 사람들을 경계한다고 한다. 쉽게 말해 상종 안 하겠다는 말이다.

책을 읽고 자기 변화를 경험한 사람들의 사례들은 흔하다. 나 역시 학교를 졸업하고 취업을 하기 전까지 책과 그리 친하지 않았다. 책을 일부러 찾아 읽을 정도는 아니었다는 얘기다. 내가 본격적으로 책을 읽기 시작한 건 지금 일하고 있는 직장에 들어오고 나서부터다.

학교라는 울타리 안에 있을 때와는 달리 회사와 사회가 요구하는 지식의 양은 광범위했다. 자연스럽게 필요한 지식에 대한 책을 찾아

보게 되었고, 책 읽는 습관도 입사 후에 만들어진 것이다.

책을 읽다 보니 자연스럽게 업무와 연관성 있는 지식과 정보들을 나의 내면에 축적해갈 수 있었다. 그게 계기가 되어 회사에서 직원 교육에 힘쓰게 되었고 교육 체계도 만들 수 있었다. 그 덕분에 지방 사무소에서 본사 인사교육팀으로 옮기는 행운도 얻게 되었다.

책을 읽고 극적인 변화를 경험한 대표적인 인물이 바로 ㈜한국퀀텀리딩센터의 김병완 대표다. 3년 동안 만 권의 책을 읽고, 2년 간 50권의 책을 출간한 신들린 작가라 불리는 김병완 작가. 그는 잘 나가던 삼성전자 연구원이란 신분을 과감히 벗어버리고 도서관으로 출퇴근하며 책만 주구장창 읽고 나서 의식의 변화를 경험한 사람이다. 이후 글쓰기에 미쳐 책을 쓰기 시작해 우리나라 대표적인 베스트셀러 작가 중 한 사람으로 손꼽힌다.

책만 읽으면 분명 인생이 바뀌는 경험을 하게 된다. 그런데 일반인들이 똑같은 경험을 단기간에 하기가 쉽지 않다. 하지만 분명 책을 읽는 사람과 읽지 않는 사람은 생각하는 힘에서 이미 차이가 난다. 책을 읽지 않으면 구태의연한 생각으로부터 자유로울 수 없다. 다양한 생각이나 경험을 하지 못한 사람은 편견이나 고정관념에 붙들려 있기 마련인데 책을 읽으면서 생각의 유연성을 더할 수 있다. 책이 바로 우리 두뇌를 자극하는 역할을 하기 때문이다.

육아서를 읽다가 좋은 책을 만나면 초보 부모들에게 가끔 선물한다. 내가 아이를 키우며 도움이 되었던 육아지식을 담고 있기 때문에 다른 부모들도 똑같이 느끼고 배울 수 있기를 바라는 마음에서다.

모든 부모들은 부모 역할에 대해 일찍이 배운 적이 없기 때문에 육아서를 통해 배움의 기회를 만들어가야만 한다. 그런데 선물한 책을 대부분의 사람들이 잘 안 읽는 것이다. 읽어보니 어떠냐고 물으면 아직 못 읽었다는 대답이 돌아온다. 그리고 꼭 읽어보겠다고 한다. 내가 보기엔 지금 읽지 않은 책을 나중에 읽을 가능성은 거의 없다.

이것은 육아의 중요성에 대해 깊이 깨닫지 못하고 있는 것도 이유가 되겠지만 사실 책과 친하지 않은 것이 더 결정적인 이유다. 책에 손이 잘 가지 않으니 책 속의 육아지식이 내 것이 되지 못한다.

그래서 좋은 부모가 되려면 반드시 책 읽는 습관을 가져야 한다. 육아 지식을 익히기 위한 것일 뿐만 아니라 아이에게 책을 읽힐 때 부모가 모범을 보여주는 것만큼 좋은 교육이 없기 때문이다.

책을 읽으면 부모의 인생과 더불어 아이의 인생도 바뀐다. 책을 읽기 전엔 책의 유익함을 알기 어렵다. 음식도 먹어봐야 맛을 알 듯, 책과 자주 접해야 책의 유익함을 알 수 있다. 아무리 주위에서 책을 읽으면 인생이 바뀐다고 떠들어봤자 스스로 동기부여가 되지 않으면 아무 소용없는 일이다.

처음부터 한 권의 책을 다 읽겠다고 욕심부릴 필요는 없다. 책을 펼쳐 10분만 보겠다는 생각으로 그냥 펼쳐보자. 그런 시간이 쌓이고 쌓여 반드시 책 읽는 부모로 거듭날 것이다.

끈기 있게
실행하라

사람은 쉽게 바뀌지 않는다. 그렇지만 바꾸기 위해 노력하는 사람과 그렇지 않은 사람의 인생은 하늘과 땅만큼 차이가 난다.

– 이랑주, 《마음을 팝니다》에서

🐾 절대 포기하지 마라

'포기하지 마라, 절대로 포기하지 마라'는 말은 윈스턴처칠이 옥스퍼드 대학의 졸업식 축사에서 했던 말로 알려져 있다. 평범해 보이는 이 말이 의미를 지니는 이유는 처칠이 이 말만 하고 단상을 내려갔다는 사실 때문이다. 이런 저런 미사여구 없이 외친 '포기하지 마라'는 이 한마디는 군살 하나 없이 청중들의 귀를 파고 들었을 것이다. 처칠이 그토록 이 말을 강조한 데에는 나름 이유가 있었을 것이다.

이런 재미있는 통계가 있다.

대부분의 사람들은 10년 동안 매년 같은 결심을 하며, 이 가운데 25%는 15주가 지나면 결심했던 계획 자체를 포기하고 그 다음 해에 또 같은 결심을 한다고 한다.

연초 세웠던 목표를 시간이 지나면 포기했다가 그 다음 해에 똑같은 목표를 세운다. 그리고 또 포기한다. 이렇게 세월을 보내다 죽기 직전에 가서야 깨닫는다. 어느 명사의 묘비명처럼 '우물쭈물 하다가 내 이럴 줄 알았다' 고 말이다. 포기가 아예 일상이 되어버려 습관처럼 반복하게 된 경우다.

인디언의 기우제는 100%의 성공률을 자랑한다고 한다. 비결인즉 비가 내릴 때까지 기우제를 지낸다는 것이다. 기간이 문제일 뿐이지 사실 비는 언젠가는 내린다. 그때까지 지낸 기우제가 성공했다고 하긴 뭐하지만 어쨌든 기우제의 애초 목적은 달성했으니 뭐라 할 일은 아닌 것 같다. 대신 비가 내릴 때까지 포기하지 않는 정신 하나만은 높이 사야 한다.

농담 삼아 '포기'라는 말은 배추 셀 때만 쓰는 말이라고들 한다. 그런데도 포기란 말이 자주 언급되는 것은 배추 셀 때 외에도 우리 일상에서 포기라는 말이 주연급 역할을 하고 있기 때문이다. 그만큼 많은 사람들이 '끈기' 보다는 '포기'를 선택한다. 왜냐하면 끈기보다는 포기가 훨씬 더 쉽기 때문이다.

처칠이 '포기하지 마라'고 외치고 단상을 내려간 것은 너무나 많은 사람들이 꿈을 포기하고 계획을 포기하면서 앞으로 전진하기 보다는 제자리 걸음을 하는 경우가 많기 때문이었을 것이다. 이제 새로운 세계로 첫발을 내딛는 학생들에게 이보다 더 중요한 게 없을 거라 믿었을 것이다.

더 나은 삶을 추구할 때는 반드시 치열한 노력과 실행이 필수적일 때가 많다. 가만히 서 있던 자동차가 움직일 때 가장 큰 힘이 필요한 법이다. 대부분의 사람들이 처음 시작할 때의 고비를 넘기지 못하고 쉽게 포기하고 안주하는 경향들이 있다. 일정 단계만 넘어가면 탄력을 받아 추진력을 발휘해 나갈 수 있는데도 말이다.

원하는 것을 얻기 위해 노력하면서 결과를 쉽게 예측하기 힘들다. 미래를 예측하는 능력이 우리에겐 없기 때문이다. 단지 최대한 성공 확률을 높이기 위해 할 수 있는 최대 능력을 발휘하여 노력하는 길밖에 없다. 대부분의 사람들이 설렁설렁 대충 노력하고 좋은 결과를 기대하기 때문에 매년 좌절하는 것이다.

인디언들의 기우제처럼 원하는 결과가 100% 이루어질 거라는 기대와 비가 오지 않으면 생사가 달렸다는 간절함을 가지고 행한다면 반드시 꿈을 이루는 날을 맞게 되리라 믿는다. 우리는 너무나 쉽게 좌절하고 포기해버리는 습성에 젖어있는 탓에 최선을 다해보기도 전에 안될 거라는 불안에 쌓여 버린다. 그런 불안감은 목표나 꿈을 이루는데 장애가 될 뿐이다. 그런 장애물들을 과감하게 걷어낼 수 있어야 남다른 성과를 기대할 수 있다.

대부분의 부모들이 처음 육아를 시작해 육아에 대한 지식이 전혀 없이 부모 역할을 수행한다. 단지 주위에서 듣는 얘기들이나 경험들이 대부분이다. 육아 전문가들이 쓴 육아서를 읽고 나서야 아이에 대해 무지했고 부모로서의 역할을 제대로 못했음을 깨닫는다.

하지만 배운 대로 끝까지 실행하지 않는다는 것이 문제다. 아이는 사랑스럽지만 아이를 키우는 과정은 지난한 과정이고 때론 좌절감을 느끼게 되는 경우도 있다. 그래서 쉽게 원칙들이 무너진다.

사실 내가 아이에게 행한 말과 행동이 아이에게 어떤 영향을 주는지 아이들의 미래에 어떤 결과를 가져올지 지금 예측하는 것은 불가능하다. 단지 아이들에게 최선을 다해 마음을 쓸 뿐이다. 아이들에 대한 관심을 놓치지 않는 것이 중요하다.

육아에 대해 배우고 결심했던 초심을 끝까지 유지하는 것만이 최선이다. 아이가 내 맘 같이 성장해주지 않더라도 포기해선 안 되는 일인 것이다.

🐾 아는 대로 실행하라

실행에 관해 대단한 영감을 주는 이야기가 하나 있다. 바로 당나라 시인 백거이와 도림선사 이야기다.

당나라 때 명시인 백거이가 항주 자사로 부임했을 때의 일이다. 항주 근처의 사찰에 도림이라는 이름난 고승이 있었다. 도림은 노송 위에 올라가 좌선을 하는 기이한 버릇이 있었다. 사람들은 그가 나무 위에 둥지를 틀고 있는 새 같다고 해서 조과선사라고 불렀다. 불경에도 해박했던 백거이는 소문을 듣고 도림선사를 찾아가 그 고

승을 시험해보기로 했다.

나무 위의 도림에게 백거이가 단도직입적으로 물었다. "불법의 깊고 큰 뜻은 무엇이라고 생각합니까?" 이에 도림선사는 이렇게 대답했다. "나쁜 짓을 하지 말고 착한 일을 받들어 행하라. 자기의 마음을 맑게 하면 이것이 곧 부처님의 가르침이다."

대단한 가르침을 기대했던 백거이는 신통치 않다는 표정으로 되물었다. "그거야 삼척동자도 아는 일이 아닙니까?" 도림은 침착한 어조로 말했다. "하지만 팔십 노인도 행하기는 어려운 일이오." 이에 백거이는 크게 깨달아 지행합일을 이루었다.

– 이민규 《끌리는 사람은 1%가 다르다》에서 인용

대부분의 독자들이 한번쯤은 읽어봤을 내용이다. 나는 실행력이 부진해질 때 자주 떠올리는 이야기다. 그리고 읽을 때마다 자극을 받고 있다. '나쁜 짓을 하지 말고 착한 일을 하는 것'은 기본 중의 기본이다. 누구에게 이런 이야기를 해도 당연하게 받아들이는 것이지만 알면서도 실천하지 않는 사람들이 얼마나 부지기수인가.

즉 아는 것과 실행하는 것은 완전히 별개라는 것이다. 알고 있다고 생각하는 순간 이미 실행하고 있다는 착각에 빠지는 경우가 흔히 있다. 자기계발을 위해 책만 주구장창 읽는 것으로 만족하는 경우가 대표적인 경우라 하겠다.

책을 읽고 깨달은 것이 있다면 실제 일상에 그대로 도입해서 현실화 해야 내 것이 된다. 그렇지 않고 아는 것에만 만족하면 그 이야기를 다시 접할 때 전혀 자극이 되지 않고 '에이, 아는 내용이잖아' 이러고 지나치고 만다. 스스로 느끼기에 아는 것이 힘이란 격언에만 집착하고 있다고 느낀다면 과감히 실행하는 것이 힘이란 격언으로 대체해야 한다.

그리고 우리는 습관이란 관성에 따라 살게 되는 경우가 대부분이므로 새로운 습관을 들이려면 강력한 자극과 실행력을 동반해야 한다. 그렇지 않으면 다시 편안했던 이전 상태로 돌아가 버리기 쉽다.

책에서 배운 것을 즉시 실행해보려고 노력해보자. 그런데 한 권의 책에서 너무 많은 것을 해보려고 욕심을 부리면 죽도 밥도 되지 않는 상황에 처하게 된다. 당연히 어느 하나 제대로 한 것도 없이 흐지부지하기 일쑤다. 단 한 가지에 목숨을 걸자. 그리고 하루 10분만 실행해 보자. 시작이 반이라고 했다. 그만큼 시작하기가 힘들고 시작만 하고 나면 서서히 탄력을 받는다는 의미다. 탄력을 받았을 때 과감한 실천력의 엔진을 가동하게 되면 대단한 추진력을 갖게 된다.

일단 하루 10분 매일 실천한다는 각오로 배운 것을 실행에 옮겨보자. 아무 것도 시도하지 않는 사람과 새로운 것을 시도한 사람의 인생의 간격은 시간이 갈수록 기하급수적으로 벌어지게 되어 있다. 그 간격은 시간이 훌쩍 지나고 나서 후회해 본들 만회할 길이 없다. 늦었다고 생각할 때가 가장 빠르다고들 한다. 하지만 더 빨리 깨달을수록 더 나은 결과를 만들 수 있다. 알면서 미룬 것에 대한 후회는 시간이 갈수록 커져만 갈 것이다.

chapter

02

왜 하루 10분 아빠 육아인가

아무리 약한 사람이라도 단 하나의 목적에
자신의 온 힘을 집중시킴으로써 무엇인가 성취할 수 있지만,
아무리 강한 사람이라도 힘을 많은 목적에 분산하면
어떤 것도 성취할 수 없다.

– 몽테스키외

❶

왜 아빠 육아가
필요한가?

아빠들은 밖에서만 아빠 역할을 한다. 집에 돌아오는 순간 독재자로 변하

거나 통나무로 변하거나 감정이 없는 로봇으로 변한다. 그래서 아이에게

아빠에 대한 특별한 감정을 심어놓지 못한다.

– 김지룡, 《아빠 100배 즐기기》에서

🐾 아빠의 존재감은?

육아하면 무조건 떠오르는 사람이 누굴까?

그렇다. 바로 엄마다. 누구나 자연스럽게 엄마를 떠올린다. 아예 우리 무의식에 육아하면 엄마라고 심어져 있다. 인터넷 서점에서 육아서 검색을 해보면 많은 육아서들이 엄마라는 제목을 달고 있다. 뜸하게 아빠 제목도 보이긴 한다. 이것만 봐도 육아에서 엄마가 차지 하는 비중을 짐작케 한다. 그러다 보니 아빠들은 이렇게 됐다. 아마 인터넷에서 한번쯤 봤음직한 글이다.

소파는 앉아 쉴 수 있으니까 좋고,

엄마는 나를 챙겨주니까 좋고,

냉장고는 맛있는 음식이 있으니까 좋고,

그런데 아빠는……?

아빠인 나는 집에서 어떤 존재인가? 얼마나 존재감을 갖고 있는가? 혹시 소파보다 못한 건 아닌가?

나는 아빠로서 최선을 다하고 있기 때문에 당연히 소파나 냉장고보다 낫다고 생각할 지 모른다. 하지만 내 생각이 아니라 아이들 생각이 중요하다. 소파나 냉장고처럼 실질적으로 아이들이 체감할 수 있는 역할을 떠올릴 수 있어야 한다. 그게 없다면 나는 소파나 냉장고보다 못한 존재라고 그냥 믿으면 된다. 혹시나 하는 기대도 갖지 말자. 오해하고 있다가 실상을 알게 되면 상처받을 수도 있으니까.

세상 모든 아빠들이 이런 착각을 하고 살고 있을지 모른다. 왜냐하면 내가 아이 마음이 되어본 적이 없기 때문이다. 아이 마음을 들여다 보려고 하지 않기 때문이다. 평소 아이와 대화가 없는 아빠라면 아이의 마음을 읽을 기회를 갖지 않는 것과 같다. 당연히 빵점 아빠일 확률을 높이고 있는 셈이다.

집에 함께 있는 시간을 기준으로 아빠의 존재감에 자신감을 갖지 말자. 확신하지 말자. 두 시간 세 시간 함께 TV를 봤다고 해서 아이와 잘 놀아줬다고 착각하지 말자. 공간을 함께 공유하고도 아이들과 마음으로 연결되어 있지 않으면 함께 했다고 말할 수 없다.

아빠는 돈 벌어오는 기계?

자, 그럼 존재감 없는 아빠는 육아 일선에서 물러나 가족들에게 경제적인 지원만 하는 돈 버는 기계로만 살 것인가? 물론 경제적인 안정이 가정에 미치는 영향은 지대하다. 아빠의 역할은 여기서 일단 평가를 받게 된다.

하지만 아빠가 경제적인 짐을 지기만 하고 아이들 육아에 소홀하다면 아이들 역시 아빠를 돈 벌어다 주는 사람으로만 기억하게 될 것이다. 어쩌면 일이 좋아 일만 하는 사람이라고 오해할지도 모른다.

머리가 하얗게 세도록 직장에서 스트레스 받아가며 자식들 뒷바라지를 하고도 훗날 자식들에게 외면 받는 아빠가 된다면 얼마나 비참해질까? 그러니 경제적인 지원도 중요하지만 그게 다가 되면 안 된다. 분명 아빠는 가장으로서 그리고 가족의 화목을 위해 해야 할 일들이 많다. 돈이 우선이었다면 이 세상 부자 아빠들은 모두 화목한 가정에서 행복하게 살고 있어야 되는 게 아닌가?

경제적인 짐을 지고 허덕이다 보니 정작 중요한 아빠의 역할에는 무심했던 게 사실이다. 힘들고 지쳐 피곤해진 몸으로 육아에 힘쓴다는 게 무리라고 여기고 산다. 하지만 우리가 몰랐던 아빠의 힘을 알고 나면 육아에서 두 손 놓고 있으면 안 되겠단 생각이 번쩍 들 것이다.

🐾 엄마가 못하는 아빠 육아의 힘

우리나라 아이들의 문제점 중 하나가 사회성이 떨어지는 것이라고 한다. 즉 관계를 쌓아가는 스킬이 부족하다. 조기 교육이다, 입시다 해서 교육에만 관심을 가지다 보니 아이들의 사회성을 키우는 데는 자연 소홀해지고 있다. 그래서 혼자 논다. 게임을 하거나 TV를 보면서.

더불어 요즘 육아서를 통해서도 이슈가 되는 부분이 있다. 바로 아이들의 자존감이다. 자존감은 살아가면서 어려움에 직면할 경우 아이들이 흔들리지 않는 힘이 된다고 한다.

그런데 사회성과 자존감 이 두 가지를 모두 아빠에게서 배운다고 한다.

하버드대 교육대학원 조세핀 김 교수는 아이들이 이 두 가지를 배우는 데 있어 아빠의 역할이 대단히 중요하다고 강조하고 있다.

그녀는 CBS의 강연 프로그램 '세상을 바꾸는 시간, 15분'에서 이런 내용을 소개했다.

아버지가 육아에 참여하면 할수록 아이는 우울증과 폭력을 덜 보인다.
아버지와 애착관계가 좋은 아이들은 더 행복하고 만족하며 스트레스를 덜 받는다.

이를 위해 아빠와 아이의 1:1 관계 형성을 강조했다. 아이에게 매일 따뜻한 말을 전하고, 아이의 말을 경청하는 자세야 말로 아이를 훌쩍 성장시키는 큰 힘이 된다는 것이다.

아빠와 애착관계가 없는 아이는 어려움에 부딪히면 쉽게 극복하지 못하는 반면에 아빠와 애착관계를 유지한 아이는 살면서 겪는 어려움을 더 잘 극복하게 된다고 말한다. 그리고 이런 아빠의 역할을 힘들 때마다 힘이 되어주는 소프트쿠션에 비유했다. 떨어지는 아이를 안전하게 받아주는 푹신한 쿠션을 상상하면 된다. 든든한 소프트쿠션으로 무장하고 성장하는 아이들은 더 행복하고 만족하며 스트레스를 덜 받는다는 것이다.

아이들에게 소프트쿠션을 갑옷처럼 단단하게 장착할 수 있게 해주는 비결은 다른 게 아니다. 단지 아이들과 대화의 시간을 갖기만 하면 된다. 단 5분이라도 말이다. 대신 매일 의무적으로 해야만 한다.

아이와 대화할 때는 아이 눈을 바라보며 해야 한다. 아이가 이야기할 때 아이에게 바짝 몸을 기울여 보라. 아이와의 대화에 적극적인 자세를 취하는 것만으로 아이는 아빠가 온전히 자신에게 관심을 기울이고 있다는 사실을 온몸으로 체감할 것이다.

하루 10분만 아빠가 바뀌면 아이의 인생이 바뀐다. 그리고 아빠가 아이들과 가정에 조금만 더 관심을 가지면 가정에 활력이 돌고 화목해진다. 아빠가 아이들에게 시간 투자를 하는 만큼 엄마의 육아 부담도 덜어주게 된다. 아빠가 육아에 참여하면 가정이 화목해지고 만사가 형통하게 된다.

왜
10분 인가?

당신이 의지할 수 있는 건 삶에서 가장 큰 변화를 이끌어 내기 위해 가장
작은 일들을 하고자 하는 매일의 노력이다.

– 스티븐기즈, 《습관의 재발견》에서

🐾 직장인 시간관리는 하루 단위?

직장인들에게 시간 관리는 무척 중요하다. 하루의 시간을 챙겨보지 않으면 하루 종일 눈코 뜰 새 없이 보내놓고도 저녁이면 뭘 했는지 몰라 공허하게 느낄 때가 많기 때문이다. 특히 바쁜 날일수록 그렇다. 하루 종일 일을 했는데도 딱히 뭘 했는지 떠오르지 않을 때가 대부분이다. 시간관리를 아예 못한 것이다.

하루를 통째로 보내고 나서야 한숨을 돌리게 되는 것은 어찌 보면 직장인의 비애라고 할 수 있다. 하루 중 자신이 관리할 수 있는 시간이 별로 없다. 그러니 직장인들은 시간 관념을 차츰 잃어가게 된다.

그러다 시간관리에 대한 책을 읽으면서 문득 정신을 차린다. 그리고 5분 단위, 10분 단위로 자신의 일상을 점검하라고 하는 말에 자극 받아 잠깐 시간관리를 계획해 본다. 하지만 그리 오래 가지 못한다. 업무가 몰리기 시작하면 이미 그런 계획은 쉽게 뒷전이 되고 만다.

일생에 있어 하루, 혹은 하루 중 10분. 이것은 시간을 관리하지 않는 이들에게는 아무 의미 없이 스치는 시간이 되어버리는 일상이다. 주어진 시간만 살다 가는 우리 인간에게 가장 소중한 보물 중 하나가 시간인데도 말이다.

그만큼 일상에 매몰이 되면 소중한 것들의 가치들이 쉽게 의미를 상실해 버린다. 정신을 차리지 않으면 지금까지 시간을 허비한 것처럼 앞으로도 그렇게 살다 죽을 가능성이 높다. 죽기 직전에 그럴 것이다. '내 이렇게 살다 죽을 줄 알았다'고 말이다. 모르고 살고 있는 게 아니란 얘기다. 죽기 직전에 직면한 것처럼 절실한 순간이 아니면 삶의 관성을 바꾸기가 그만큼 힘들다는 말이다.

하루라도 챙겨보면 그나마 나은 경우다. 하지만 일기를 쓰듯 하루를 돌아보고 점검해보는 직장인들이 얼마나 될까? 하루 하루를 점검해보는 시간을 가지라고 해도 바빠 못한다고 할 사람들이 대부분일 것이다. 흔히들 하는 말처럼 바쁘다는 게 자랑인 것처럼 말이다. 하지만 바빠서 자신을 챙겨보지 못하는 사람은 무능의 상징이 됨을 잊지 말아야 한다. 앞으로 개선의 여지가 전혀 없는 사람으로 비춰 보일 수 있으니 입에 올리지 말아야 할 말이다.

하루 10분으로 기적을 만드는 사람들

10분의 의미가 새롭게 다가왔던 적이 있다. 바로 《하루 10분의 기적》이란 책을 만나고 나서다. 이 책에는 하루 10분이라는 시간을 알토란 같이 활용해서 성공의 기회를 만들어 가는 사람들 이야기를 담았다.

대부분의 사람들이 시간 개념 없이 살아갈 때 어떤 이들은 10분 이라는 짧은 시간에 큰 의미를 부여하고, 자신에게 주어진 그 짧은 시간을 소중하게 사용하고 있었던 것이다. 10분만 제대로 활용해도 인생이 달라질 수 있다는 깨달음을 얻게 해주는 소중한 사례들을 만 난다.

'에이~ 10분으로 뭘 해!'라고 생각할 수도 있다. 그런 사람들은 대부분 시간관리를 해보지 않은 사람들이다. 시간 관리를 하는 사람 들은 실제 1분 1초도 소중하게 쓰려고 한다. 아무리 시간에 쫓겨도 자신을 위해 쓰는 10분을 확보하려고 하는 것이다. 그렇게 확보한 10분이란 시간의 조각들을 따로 따로 만들어 60분, 70분의 효과를 만들어 낸다.

하루 10분 공부, 10분 독서, 10분 운동, 10분 휴식 등을 통해 성 공적인 인생을 만들어가는 이야기들을 이 책을 통해 만나게 된다. 단 10분을 활용해서 인생을 바꿀 수 있다는 사실이 무척 자극적이 기도 하고 너무 쉽다는 생각에 미심쩍게 느껴지는 것도 사실이다.

하지만 책을 다 읽고 나서 알게 된 것은 10분의 시간을 알차게 사용하는 사람들은 단 1초도 허비하지 않는 습관을 가지고 있다는 사실이다. 즉 10분을 자기 시간으로 만든 사람들은 10분을 이루는 600초를 관리한다. 자연스럽게 초 단위까지 관리한다는 얘기다.

이렇게 시간관리를 하는 사람들은 자신만의 10분을 확보하기 위해 하루 전체의 시간을 관리할 수 밖에 없다. 그러니 하루 10분을 활용하는 작은 습관이 하루를 바꾸고 크게는 인생을 바꿀 수 있으리란 결론을 쉽게 얻을 수 있다.

🐾 하루 10분에 주목하자

하루를 무심하게 보내던 습관에 젖어있었다면 이제 단 10분에 주목해보자. 단 10분만 할 수 있는 일에 관심을 가져보자. 아무리 바쁘고 시간이 부족해도 자기 자신을 위해 쓰는 시간을 최소한 확보할 수 있어야 한다. 평소 우리가 관심을 가지지 못한 가치들을 찾는 시간, 꿈을 추구하는 시간을 확보해야만 한다.

실제 10분만이라도 활용하려는 노력을 하다 보면 그 시간의 가치를 깨닫는데 그리 많은 시간이 걸리지 않는다. 아무 것도 하지 않을 때와 단 10분이라도 의미 있는 일을 할 때의 차이는 엄청나다. 10분을 행했을 때는 단 10분의 차이만을 의미하지 않는다. 아무 것도 하지 않는 사람과 매일 10분 뭔가를 실천하는 사람 사이에는 시간이 갈수록 기하급수적인 간격이 발생할 수 밖에 없다. 하지 않는다는 것은 그냥 제로가 아니라 시간이 흐를수록 마이너스가 되기 때문이다. 가만히 있으면 본전은 찾는다는 생각은 어리석은 생각이다.

세상이 변하는 속도는 정말 빠르다. 변하지 않으면 살아남기 힘들다고 한다. 그런데도 변화에 무심한 사람들이 주위에 보면 흔하다. 흔히 하는 말대로라면 모두 다 살아남기 힘든 사람들인 셈이다. 세상을 지배하는 법칙들이 모두 우리에게 딱 맞게 적용되는 것 같진 않지만 적어도 아무런 변화 없이 현실에 안주하며 사는 사람들의 삶이 갈수록 팍팍해진다는 사실은 바뀌지 않을 것 같다.

하루 중 10분에 주목한다는 것은 스스로를 관리하겠다는 의미가 된다. 그리고 10분을 활용하는 사람들은 철저히 자기관리를 하는 게 된다. 하루에 단 10분만 할 수 있는 일에 주목하는 사람들이 성공할 확률이 높은 이유다. 10분이라는 숫자만 보고 가볍게 생각하지 말자. 낙숫물이 바위를 뚫고 티끌 모아 태산이란 지혜의 말들이 증명하는 성공법칙이다.

직장인 육아
어려워선 안 된다

명확히 설정된 목표가 없으면 우리는 사소한 일상을 충실히 살다가 결국
그 일상의 노예가 되고 만다.　　　　　　　　　　　– 로버트 A. 하인리히

🐱 어렵고 복잡한 육아서는 NO!

육아책을 읽고 나서 잘하면 자기 반성, 못하면 아무 것도 건지는 것 없이 책을 덮게 된다. 사실 책을 아무리 많이 읽어도 실행으로 옮기지 않으면 그냥 머릿속 지식으로 남거나 시간이 지나면 기억에서 흔적 없이 사라지기 마련이다. 그런데도 이런 제목의 책들이 난무한다. '~ 하기 위한 50가지 방법', 심지어 '100가지 방법' 등등.

이런 책을 찾아 읽는 사람들은 대체로 욕심이 많은 사람들이다. 많은 것을 한꺼번에 실천해보겠다고 과욕을 부리는 것이다. 하지만 실제 책에서 말하는 것을 모두 읽고 나면 머릿속이 복잡해지기 마련이다. 그걸 기억해내고 일상으로 연결시키기 위해서는 대단한 의지력이 요구된다.

그러니 시작은 하되 오래가지 못한다. 이미 경험을 통해 알고 있을 것이다. 새로 알게 된 것을 일상에서 꾸준히 실천하는 것이 얼마나 힘든 일인지. 그런데도 다시 똑같은 자기계발서를 찾아 읽게 된다. 변화에 대한 욕구는 한결 같고 실제 변화는 없기 때문이다.

책에서 배운 것에 과욕을 부려선 안 된다. 너무 많은 것을 하려고 해선 안 된다는 얘기다. '선택과 집중'은 여기서도 필요하다. 여러 가지를 한번에 실천하려다 보면 100% 실패한다. 초등학교 시절, 방학 때 계획표를 그릴 때부터 시작됐던 실패 경험을 다시 반복하게 될 뿐이다.

🐾 한 가지라도 제대로 하겠다고 마음 먹어라

인생을 성공적으로 살기 위한 지혜는 어떤 것일까? 단 하나를 꼽으라고 하면 이 이야기를 들려주고 싶다. 오래 전 메모해 둔 이야기라 출처를 알 수 없지만 가끔 꺼내 보며 자극 받는 이야기 중 하나다.

평소에 불평이 많은 한 청년이 왕에게 찾아와

"어떻게 저는 하는 일마다 되는 일이 없고, 세상이 이렇게 살기가 힘듭니까? 어떻게 하면 인생을 성공적으로 살 수 있겠습니까?"

라고 말하며 그 방법 좀 가르쳐 달라고 졸랐다.

왕은 잔에 포도주를 가득 부어주면서 청년에게 다음과 같이 말했다.

"이 포도주 잔을 들고 시내를 한 바퀴 쭉 돌아오면 성공비결을 알려주마. 단, 포도주를 단 한 방울이라도 엎지르면 네 목을 그 자리에서 바로 벨 것이다."

청년은 괜히 왔다고 후회를 했지만 돌이킬 수가 없어 포도주가 든 잔을 최대한 움직이지 않도록 하며 땀을 삘삘 흘리면서 시내를 한 바퀴 돌아왔다. 물론 목숨이 날아갈 것이 두려워 조심했던 터라 포도주는 한 방울도 흘리지 않고 왔다.

왕이 웃으면서 청년에게 물었다.

"시내를 한 바퀴 돌면서 무엇을 보았는지 말해 보거라. 길거리의 거지와 장사꾼들을 보았느냐? 술들을 한잔하고 있는 객들을 보았느냐? 아니면 예쁜 아낙네들을 보았느냐? 그것도 아니면 지저귀는 새들의 노랫소리를 들었느냐?"

청년이 바로 대답했다.

"아니, 그런 것을 볼 정신이 어디 있습니까? 포도주가 단 한 방울이라도 흘러 내릴까 봐 그 포도주잔에 신경을 쓰느라 아무 것도 보고 듣지 못했습니다."

그러자 왕이 말했다.

"바보 그것이 성공의 비결이니라. 자기의 목표를 확고하게 세우고 일에 집중하면 주위의 여러 가지 유혹과 남들이 하는 비난 따위는 들리지 않을 것이다. 그런 정신으로 살아라. 그리하면 성공한 인생을 살아갈 수 있다."

선택과 집중, 즉 어떤 것을 추구할 것인지를 정하고 나면 그 하나에 집중할 수 있어야 한다. 집중을 하는 것에도 정도의 차이가 있다. 어떤 일을 해낼 때 절박함이 있을 때와 그렇지 않을 때의 결과는 판이하게 달라진다.

이야기 속의 청년은 포도주 잔의 포도주를 한 방울이라도 흘리면 목숨이 달아날 상황이었다. 목숨이 날아갈 것이 두려웠던 터라 시내를 돌면서 숱한 볼거리들에 눈길조차 줄 수 없었다. 만일 왕의 명령을 지키는 것이 목숨을 내놓는 절박한 것이 아니었다면 청년은 어땠을까? 호객행위를 하는 장사꾼에게, 시원하게 술을 한잔하는 객들에게, 어여쁜 아낙네들에게 자연스럽게 눈길이 갔을 것이다.

하지만 목숨 걸고 해야 하는 절박한 과제였기 때문에 아무 것도 눈에 들어오지 않았고 오직 단 한가지, 포도주 잔에만 집중할 수 있었다.

우리는 너무나 산만한 환경 속에 산다. 어느 하나에만 집중하며 지내기가 거의 불가능할 지경이다. 문제는 정작 자신의 인생에 정말 가치 있는 소중한 것들에도 눈길을 제대로 주지 못하고 집중도 못한다는 사실이다.

아이를 키우는 부모들에게 육아 문제만큼 절실하게 매달려야 할 일도 없다. 물론 경제적인 바탕이 있어야 육아도 원만하게 될 거라 얘기할지도 모른다. 그리고 실제 가난하게 살면서 육아에 힘쓰기 힘든 건 사실이다. 하지만 육아는 돈만으로 해결되는 것이 아니다. 돈은 부차적인 이유일 뿐이다. 정작 중요한 것은 아이에 대한 진심 어린 관심과 사랑이다. 아무리 돈이 많아도 여기에 소홀하면 실패하는 육아를 하는 것과 같다.

아이가 아이로 있는 시간은 얼마 되지 않는다. 잠시 한 눈을 팔면 어느 순간 훌쩍 커 있는 아이를 발견한다. 지난 시간을 되돌릴 수 없듯이 훌쩍 성장한 아이들의 성장을 되돌릴 수 없다. 지나가는 시간을 붙잡을 수도 없다. 나중에 후회할 일을 줄이기 위해서라도 육아라는 단 하나의 소중한 가치에 집중할 수 있어야 한다.

하루 10분 육아서 읽기로
동기부여가 된다

연습을 많이 할수록 더욱 운 좋은 사람이 된다.　　　　　　　- 게리 플레이어

육아는 육아서 읽기로부터 탄력을 받는다. 육아서를 읽기 시작하면 아빠가 육아에 적극적이 되고 독서 습관을 가지는 데에도 유익하다. 육아서를 읽기 시작하면서 육아에 대한 관심은 고조되기 시작한다. 육아서를 읽는 것은 육아에 대해 생각하는 시간을 늘리는 것이다. 아빠로서 스스로를 돌아보게 되고 바람직한 아빠의 역할을 모색하게 된다.

그래서 매일 10분 육아서 읽기로 아빠 육아는 시작된다. 아이를 대하는 시간 외에 자투리 시간을 자기계발 하듯 육아서를 읽으면 된다. 육아서에 대한 관심과 육아서를 읽는 것 만으로도 육아를 대하는 자세는 전혀 달라진다. 육아서를 읽는 것 만으로도 아빠는 자연스럽게 육아에 참여하게 되는 것이다. 매일 육아서를 읽으면 육아 연습을 반복하는 것과 같다.

단지 한 가지 넘어야 할 고개가 있을 뿐이다. 그것은 육아서 읽기가 쉬워지도록 독서하는 습관을 내 것으로 만드는 것이다. 독서 습관이 자리 잡지 않으면 꾸준히 육아서를 읽어내기 힘들어진다. 육아서에서 손을 놓게 되면 아빠 육아도 지속하기 힘들다. 동기부여가 전혀 되지 않기 때문이다. 독서 습관을 통해 육아서를 꾸준히 읽게 되면 아빠의 육아 습관도 자연스럽게 자리 잡게 된다.

🐾 독서는 습관이 필요하다

육아를 배우고 실천하고 스스로를 점검하기에 가장 좋은 방법이 책을 읽는 것이다. 그런데 책을 읽지 않는 것은 이 모든 것을 포기하는 것과 같다.

독서의 유익함에 대해서는 대부분의 사람들이 막연하게나마 알고 있다. 그런데 그 장점을 자신이 직접 체험해보지 못했기 때문에 동기부여가 되지 않는 것이다.

독서는 일종의 습관이다. 책에 관심이 있든 없든 독서를 습관으로 만드는 방법이 있다. 바로 언제 어디서든 책을 가지고 다니는 것이다. 늘 책을 소지하고 다니면서 틈날 때마다 책을 열어보는 것이다.

생각보다 우리에게 주어진 자투리 시간들이 참 많다. 그걸 챙겨보지 못해 잃어버린 시간들이 제법 된다. 잠시 잠깐 아무 것도 할 일 없이 시간을 보내게 되는 순간에 책을 펼쳐보기만 하면 되는데도 쉽게 실행에 옮기지 못한다. 일단 관심부터 없기 때문이다. 관심이 없는 이유는 즐겁지 않기 때문이다. 그러니 일단 시작하고 보는 것이 중요하다.

읽지 않아도 상관없다. 그냥 들고만 다녀 보라. 그렇게만 해도 책을 들고 다니는 자신의 이미지에 맞는 행동을 하게 되어있다. 남들의 이목에 신경 쓰게 된다. 그럼 자연스레 책을 펼쳐 들게 된다. 버스 안에서든 지하철 안에서든 말이다. 남들이 스마트폰에 한 눈 팔고 있을 때 책을 든 자신의 모습에 얼마나 자부심이 느껴질까?

독서에 가장 강력한 적은 스마트폰이다. 책을 가까이 하는 습관을 만들면서 스마트폰을 멀리하는 습관도 들여야 한다. 최근 기사를 보니 스마트폰이 치매와 암을 유발한다고도 한다. 우리를 바보로 만들고 건강에도 치명적인 스마트폰을 가까이할 이유가 없다는 단호한 자세를 가질 필요가 있다.

그래서 자투리 시간을 책을 읽는 습관을 만들고 나면 자연 스마트폰을 사용하는 시간을 줄일 수 있다. 책을 가까이 해서 좋고 스마트폰을 덜 봐서 더욱 좋으니 일석이조 이상의 효과를 볼 수 있는 셈이다.

🐾 쉬운 책으로 시작하자

책을 고를 때는 자신의 흥미를 끄는 책을 고르는 게 좋다. 그리고 가지고 다니면서 가볍게 읽을 수 있는 책이어야 한다. 독서는 습관이 될 때까지는 아무리 좋다고 하는 책이라도 쉽게 읽어낼 수 있는 책이어야 한다. 자신에게 맞는 책을 고르는 것이 중요해진다. 독서 좀 하는 사람들이 추천하는 고전이나 철학서처럼 딱딱하고 지루한 책은 쉽게 책에 대한 흥미를 떨어뜨린다.

그래서 육아서를 고를 때도 먼저 가볍고 쉽게 읽을 수 있는 책들을 우선 골라 읽으면서 더 흥미가 가면 더 심도 있는 내용을 다룬 책들을 골라보는 게 좋다.

독서를 할 때 욕심을 부리면 안 된다. 많은 것을 한꺼번에 배우겠다는 생각에 읽기 부담스러운 분량의 책을 고르면 구입했다가 그냥 책장으로 직행하기 십상이다. 책장에 제법 책들이 꽂혀있다면 어떤 책들을 읽었고. 어떤 책들이 읽히지 않는지 확인하기 바란다.

처음 구입해서 바로 읽지 못한 책은 나중에도 읽을 가능성이 아주 희박하다. 그러니 자신에게 맞는 책을 골라 바로 펼쳐 읽어도 부담 없는 책들로 먼저 시작해 보자. 한 권 두 권 읽은 후의 성취감이 독서에 대한 탄력을 가져다 줄 것이다.

5

쉽게
실행할 수 있다

인생에는 되감기 버튼이 없다.   – 백남준

🐾 생각의 속도로 실행할 수 있어야 한다

예전에는 '아는 것이 힘이다'라고 했지만 요즘은 다르다. 인터넷과 스마트폰의 보급으로 정보가 넘쳐나게 되면서 아는 것도 중요하지만 아는 대로 실천하는 것이 훨씬 더 중요하게 됐다. 그래서 '실행이 힘이다' 란 말이 대세가 됐다.

우리가 아는 것을 쉽게 실행하지 못하는 이유 중 하나는 실행해야 할 것이 너무 많다는 데에 있다. 갈수록 복잡해지는 현대 사회는 개인이 성공하기 위해 해야 할 일들을 다양하게 요구하고 있다. 변화가 빨라지다 보니 오늘 중요한 것이 내일은 바뀌기도 한다. 이런 상황에서 현대인들은 대단히 혼란한 상황에 놓일 수 밖에 없다. 세상의 변화 속도에 맞추기 위해 보조를 맞추려면 제 정신으로 살기 힘들지도 모른다.

육아에 대한 지식과 정보들을 다룬 책들과 정보들도 넘쳐난다. 육아 초보 부모들에게는 무척 잘 된 일이긴 하지만 선택과 집중을 해야 한다는 측면에서는 오히려 크게 도움이 안될 수도 있다. 정작 내게 필요한 지식과 정보가 무엇인지를 스스로 선별하고 실천해야 한다는 과제가 있기 때문이다.

심리학적으로도 선택할 대상이 너무 많은 경우 사람은 이를 부담스러워 한다고 한다. 같은 종류의 생활용품이 진열된 상품들의 브랜드가 20~30가지인 경우 보다 5~6가지 인 경우 소비자들에게 선택될 확률이 높다고 한다. 너무 많은 선택 가능성이 있는 상황은 오히려 외면 받는다는 얘기다.

실행 항목을 좁혀야 실행하기가 쉽다. 상황이 바뀔 때마다 실천해야 할 것들이 바뀐다면 오래가지 못하고 쉽게 포기할 가능성이 높다. 그래서 오늘 난 단 한가지만을 실행하겠다는 목표가 가장 좋다. 그만큼 집중하기 쉽고 실행으로 연결하기도 쉽기 때문이다.

목표를 세우되 너무 거창하면 안 된다. 일상에서 쉽게 그리고 꾸준히 실천할 수 있는 것인지를 먼저 점검해야 한다. 육아에 대한 것도 마찬가지다.

🐱 시작이 반이다

시작이 반이라고들 한다. 산을 오르기로 마음 먹고 산 아래에 도착했다고 해서 반을 오른 것은 아니지만 출발점에 서는 것이 그만큼 중요하다는 의미다.

사실 시작조차 하지 않는다면 그 어떤 결과도 기대할 수 없다. 체육관에 가려고 마음만 먹어서는 몸이 건강해지지 않는다. 산에 오르기로 마음만 먹어서는 정상에 올랐을 때의 그 상쾌함을 맛볼 수 없다. 시작이 반이란 것은 일단 시작하고 나면 되든 안되든 어떤 결과물은 만들 수 있다는 얘기다. 결과적으로 절반의 유익함은 있다는 의미다.

마음만 먹고 포기한 것들이 아마 부지기수일 것이다. 시작도 안해본 일들 말이다. 가장 좋지 않은 결과를 가져다 주는 것이 시작조차 하지 않은 경우다. 시작을 하지 않는 경우는 물론 게으름 때문일 수도 있고, 시작하기 부담스러운 일이기 때문일 수도 있다. 어쨌든 둘 다 결과가 같다는 측면에서 동일하다고 볼 수 있다.

모든 장애를 극복하고 시작하는 힘을 발휘하는 방법은 게으른 사람도 시작이 부담스러운 사람도 쉽게 실천 할 수 있는 목표를 세우는 것이 가장 중요하다. 누구라도 시작할 수 있는 손쉬운 것들로 실행해보는 것이다.

🐱 시작만 하면 저절로 된다

KBS수요기획팀에서 펴낸 《하루 10분의 기적》. 이 책에서는 '의욕의 뇌를 자극하라'란 제목의 글에서 '작업흥분'에 대해 소개하고 있다. 앞서도 잠깐 언급했지만 작업흥분이란 아무리 서툴고 따분한 일도 일단 작업 모드에 들어가면 측좌핵이 작용해 의욕이 생긴다는 말이다.

우리 뇌의 일부인 측좌핵은 '의욕'의 지령을 내보내는 곳이다. 이 측좌핵을 자극하면 일에 의욕이 생긴다고 하는데 그렇다면 이 측좌핵을 자극하는 방법은 무엇일까? 《하루 10분의 기적》에서는 이렇게 얘기한다.

'아주 간단하다. 우선 작업을 시작하는 것이다. 하기 싫은 일이든 귀찮은 공부든 일단 시작하고 보는 것이다. 그렇게 하면 작업을 한다는 정보가 측좌핵으로 보내지고 측좌핵은 자기 흥분을 일으킨다. 결국 차례로 '의욕'이라는 지령을 내린다.'

직장인들이 가장 출근하기 싫어지는 월요일 아침, 이날은 회사 업무는 둘째치고 회사에 아예 나가기 싫은 날이다. 무거운 몸을 일으켜 겨우 잠을 깨고 나서 씻고 집을 나설 때까지 그 부담감은 계속 이어진다. 그런데 신기하게도 회사에만 나오면 달라진다. 출근에 대한 부담감이 회사 문을 통과해 자리에 앉아 업무 준비를 시작하기만 하면 사라지는 것이다.

그래서 월요일 아침이 힘들 땐 빨리 출근하는 것도 도움이 되고,

휴일에 잠시 회사를 나오는 것도 월요병을 방지하는 방법 중 하나라고까지 이야기 한다.

여하간 아무리 싫은 일도 일단 시작하고 나면 의욕이 생긴다. 뇌과학이 밝힌 사실이기 때문에 100% 신뢰해도 된다. 그래서 의욕이 생기지 않는 일에 대한 유일한 처방은 두 번 생각하지 말고 그냥 시작하라는 것이다. 그냥 시작하면 의욕은 절로 생긴다. 우리 뇌가 저절로 작동하면서 계속하는 힘을 발휘한다.

나중에 소개하겠지만 소중한 내 아이를 위해 매일 실천 할 수 있는 일들이 참 많다. 해야 할 일인데도 평소 못했던 일들이다. 예를 들어 아이가 잠들기 전 책을 읽어주기로 결심했다면 일단 시작하고 보면 된다. 경험상 밤이 되면 몰려오는 피로감에 눕고 싶은 충동에 항복을 할까 말까 고민할 때가 많다. 오늘은 그냥 쉬고 내일 읽어줄까? 하는 유혹이 반드시 고개를 든다.

그럴 때 과감히 읽어주기를 선택하기만 하면 된다. 책을 읽어주기 시작하는 순간 거짓말처럼 측좌핵이 가동하면서 의욕적으로 읽어주게 된다. 아이들의 초롱초롱한 눈망울을 보면 보람까지 겹친다.

심신이 지친 직장인 아빠가 퇴근 후 아이들과 어울릴 수 있는 시간은 그리 많지 않다. 그 시간을 오로지 아이들을 위해 쓰려면 망설이지 말고 뭔가를 시작해보자. 뿌듯함에 잠자리가 더욱 편안해 질 것이다. 숙면을 취할 수 있을 것이다.

매일
할 수 있다

안하고 죽어도 좋은 일만 내일로 미루어라. — 피카소

🐾 습관의 힘

매일 하기로 의지를 다졌던 일들을 포기했던 경험들은 일상에서 흔히 있는 일이다. 보통은 의지력을 발휘해야만 할 수 있는 일들이 대부분 그렇다. 매일 하기로 했던 다이어트나 운동을 중도에 포기한 경험들을 많이 한다. 영어나 중국어 등 어학을 배워보자는 결심에 돈을 내고 학원을 다니기로 했다가도 자주 포기한다.

우리 의지력이 꾸준히 동원되는 것이 아니기 때문이다. 어떤 일이든 굳은 의지로 실천하라고들 하지만 사실 강한 의지력으로 뭔가를 꾸준히 하는 일이 쉬운 일은 아니다. 어쩌면 의지력을 동원해야 하는 모든 목표들은 결국 해내지 못할 것들이 아닌가 싶을 정도다. 우리 의지력에도 한계가 있기 때문이다.

그래서 쉽게 시작해 즐기며 할 수 있는 방법을 택해야 한다. 그래

야 꾸준히 할 수 있다. 꾸준히 해야 습관이 된다. 습관이 됐다는 것은 무의식에 각인이 되어 의지력을 발휘하지 않아도 절로 된다는 의미다. 우리 일상을 돌아보면 의식적으로 해낸 일보다 무의식적으로 한 일들이 훨씬 많음을 알 수 있다. 인간의 행동 가운데 무의식에 의한 것이 약 80%라고 한다. 습관을 바꾸면 인생의 8할이 바뀌는 것이다.

운전을 처음 배울 때는 처음 시동을 걸고 가속페달이나 브레이크를 밟는 것, 그리고 좌우측 방향지시등을 켜는 것까지 일일이 신경을 곤두세워 하게 된다. 하지만 시간이 지날수록 운전에 관한 일련의 과정들이 우리가 의식하지 않아도 저절로 된다는 걸 이미 알고 있다.

우리는 대부분의 시간을 습관에 따라 살아간다. 익숙한 일상이 반복되기 때문이다. 일일이 세부적인 것까지 신경 쓰지 않아도 저절로 하게 되는 것이다.

단지 새로운 것을 시도할 때가 힘겹다. 습관이 될 때까지는 의지력을 발휘해 반복하는 시간을 요하기 때문이다. 뇌 과학 실험 결과, 아무리 싫은 일도 삼 일씩 열 번만 계속하면 버릇이 되고 습관이 된다고도 하고 약 3개월 정도만 반복하면 습관이 된다고 하는 자료도 있다.

어떤 일이든 매일 꾸준히 하려면 습관화 해야 한다. 의지력을 발휘하지 않아도 저절로 되도록 만들어야 한다. 중도에 포기하기 때문에 습관을 만들지 못하는 것이다. 습관이 되는 기간인 딱 3개월만 의지력을 발휘해보자. 힘든 과정이지만 그 결과 인생이 바뀌는 경험을 하게 될 것이다.

🐾 육아 습관은 오히려 쉽다

육아에 관한 습관을 만들어가는 시간은 훨씬 더 단축시킬 수 있다. 그것은 우리 뇌의 '강화학습' 효과 때문이다. 뇌는 무언가를 달성할 때 즐거움을 느낀다. 뇌는 좋은 기분을 유지하기 위해 쾌감을 유발하는 뇌 내 신경전달물질을 내보내는데 이 과정을 반복하면 습관이 된다고 한다. 즐거운 뇌가 우리에게 주는 보상이다.

우리 아이들을 위해 투자하는 시간은 아이들도 즐겁고 부모인 나도 즐거운 일이다. 아이가 즐거워하고 행복하면 부모 역시 즐겁고 유쾌할 수밖에 없다. 그래서 즐거운 육아는 기분 좋은 보상을 받게 되고 다시 육아를 위한 활동을 반복하게 된다. 강화학습효과에 따라 더욱 행동이 강화되는 것이다. 자연스럽게 아이를 위한 육아활동들이 습관으로 자리 잡히게 된다.

아이를 위해 하는 육아활동은 즐거워야 꾸준히 반복할 수 있다는 걸 알았다. 물론 피곤한 현실 때문에 아이에게 신경을 쓸 여력이 생기지 않을 때도 있을 것이다. 그럴 때도 즐겁게 아이들을 대할 수 있어야 제대로 부모역할을 하는 것이다. 그래서 부모들은 '절대긍정'을 모토로 살아야 한다. 아이가 긍정적이고 밝게 자라기를 원한다면 부모가 먼저 긍정적이 되어야 하는 것이다.

　　매일 자신의 일상을 긍정의 힘으로 버틸 수 있다면 아이를 위한 활동들은 쉽게 습관이 되고 즐거움은 시간이 갈수록 배가 될 것이다. 아이들의 행복이 곧 부모의 행복이 되고 부모가 행복해지면 아이들 역시 행복해질 수 밖에 없다. 그러면 자연스럽게 매일 아이들을 대하는 것이 행복해지기 마련이다.

'아빠와 자녀 교감 OECD 꼴찌'

… 엄마들 "당연한 결과" vs 아빠들 "억울해요"

「헤럴드 경제」 2015.10.20 기사 | 박혜림 기자」

실제 OECD가 최근에 발간한 '2015 삶의 질(How's life? 2015)' 보고서를 살펴보면, 한국 아빠들이 아이와 교감하는 시간은 OECD 평균인 47분에 턱없이 못 미치는 6분이다.

아빠가 같이 놀아주거나 책을 읽어 주는 시간 등이 3분, 신체적으로 돌봐주는 시간이 3분이었다.

결국 한 달에 아이와 함께 보내는 시간이 3시간, 1년으로 치면 하루하고 12시간을 지내는 것이다.

이런 방식으로 계산해보면, 아이가 성인이 되는 20세까지 아빠와 아이가 보내는 시간은 30일에 불과하다.

자녀들이 성인이 돼 아버지를 테면데면하게 생각하는 것도 무리는 아니다.

더욱이 워킹맘들이 늘어남에 따라 엄마가 아이와 보내는 시간마저 줄어들며 우리나라 어린이들이 부모와 보내는 시간은 1시간이 채 되지 못하는 상황이다.

이에 OECD는 "아이늘이 부모와 보내는 시간, 특히 그 시간을 어떻게 보내느냐는 아이들의 신체적 혹은 정서적 발달을 형성해 나가는 데 결정적으로 중요한 요인이 된다"며 우려를 표했다.

Chapter

03

아이를 모르면
빵점 아빠

인간의 삶은 새로운 경험의 과정이며,

새로운 경험으로 계속 성장하지 못하는 삶은

이미 살아 있는 삶이 아니다

– 듀이(J. Dewy)

❶
아이를 알아야
육아 아빠가 된다

주는 것을 그만두면 받는 것도 끝나며, 배우기를 그만두면 성장도 끝난다.

– 서양속담

이 땅의 모든 부모들은 육아에 대해 배운 적도 없으면서 아이를 낳고 키운다. 개그프로그램 유행어를 빌리자면 참 기묘한 일이다. 설계도 없이 건물을 짓는 것과 같고 계획 없이 여행을 떠나는 것과 같다. 그러니 아이를 낳고 키우면서 끊임없이 좌충우돌하는 것은 어쩌면 자연스런 현상이다.

우리 부모세대들은 그랬다. 육아법이 어디 있어, 지들끼리 쑥쑥 커가는 거지. 맞다, 우리는 그냥 그렇게 컸다. 부모님들이 육아 철학이니 뭐니 그런 것 없어도 잘도 키워냈다.

그런데 세상이 바뀌었다. 세상이 변하는 속도가 날라졌다. 가만히 있으면 낙오된다고들 한다. 세상에 보조를 맞추어 뛰어야만 살아남을 수 있다고들 한다. 사회가 복잡해지고 고도화 되면서 세상에 그냥 던져져 가만히만 있어서는 아무 것도 할 수 없는 낙오자가 되는 시대가 된 것이다.

그래서 발빠른 부모들은 아이들을 밤늦도록 학원 뺑뺑이를 돌리고 주말에도 숨쉴 기회를 주지 않는다. 마치 미래의 성공을 보장받을 수 있는 티켓을 부여잡듯 성적에 목숨을 걸지만 사실은 미래를 저당 잡히고 있다. 어른들 조차 휘청거릴 정도로 피로를 누적시키는 사회에서 아이들은 어릴 때부터 거기에 보조를 맞추기 위해 덩달아 뛰며 휘청거리고 있는 셈이다.

잘못된 육아로 인한 병폐는 우리 사회 곳곳에서 곪은 상처가 되어 사회문제가 되고 있다. 초등학생들이 자살을 생각하고, 성적을 비관해 고층 아파트에서 뛰어내리며, 심지어 부모를 살해하는 반인륜적인 사건까지 터져 나오고 있다. 아이들이 정서불안에 시달리며 탈모 증세가 나타날 때까지 닦달하고 밀어붙이다 보니 궁지에 몰린 아이들이 극단적인 선택을 하게 된 것이다.

아이들이 이렇게 된 건 전적으로 부모의 잘못이다. 변명거리도 핑계거리도 있을 수 없다. 아이들은 하늘이 내려준 선물이다. 태어난 아이를 보고 감격하지 않은 부모는 없다. 그런데 아이들을 키우면서 초심을 잃는 것이다. 아이들이 얼마나 소중한 존재인지를 망각하고 사는 것이다.

사람이 그렇다. 늘 함께 있으면 소중함을 덜 느낀다. 떨어져 봐야 그립고 애틋해진다. 아이들도 마찬가지다. 늘 곁에 있어 그렇지 피치 못할 사정으로 떨어져 있게 되면 그리움에 매일 눈물 짓게 될지 모른다. 주말 부부, 기러기 아빠 사례를 굳이 들지 않아도 상상이 된다.

다행인 건 아이들을 올바로 키우기 위해 참고할 만한 육아서가 점점 늘어가고 있다는 사실이다. 아이들을 잘 키우고 싶다는 열망이 높아지고 있기 때문일 것이다. 부모가 제대로 서야 한다는 목소리도 높아지고 있다. 부모가 행복해야 아이도 행복하다는 메시지를 담은 책들이 늘어난다. 부모가 제대로 서있어야 아이도 올바르게 자란다. 불행한 부모 밑에서 행복한 아이가 자랄 수 없듯이 말이다.

문제는 육아서가 넘쳐나는 데도 불구하고 우리 주위에 책 읽는 부모를 찾아보기 힘들다는 데 있다. 그건 우리나라 국민들의 독서량을 보면 자연스럽게 이해가 간다. 월 평균 독서량이 한 권이 채 되지 않는다는 통계가 있다. 실제 주위를 둘러보면 책을 부여잡고 있는 사람들을 찾아보기 힘든 게 사실이다. 아예 스마트폰 일색이다.

부모가 지혜롭게 아이들을 키우기 위해 배움에 게을러선 안 된다. 단지 책을 펼쳐 보기만 해도 고개가 절로 끄덕여지는 무한한 지혜들이 책 속에 있다. 그런데 곁에 있는 책에 조차 손을 대지 않으니 육아에는 아예 관심이 없는 것과 다를 게 없는 셈이다. 아이를 올바르게 키우기 위해 부모가 더 많이 배우고 배운 대로 실천해야 한다.

시간이 훌쩍 흐르고 아이들이 부모가 통제하지 못할 정도로 성장하고 나서 자신의 잘못을 뉘우쳐 봤자 아무 소용 없다. 시간을 되돌릴 수 없다는 걸 왜 잊고 지냈는지 자신의 가슴을 치며 후회하게 될

것이다. 하루 10분만 책 읽는 습관만으로도 충분히 바뀔 수 있는데
도 말이다.

육아에 성공하려면 먼저 아이를 알아야 한다. 아이에 대해 전혀
모르고 아이를 키운다는 것 역시 말이 안 되는 시도인 것이다. 교육
을 백년지대계라고 한다. 아이를 키우는 것도 이와 같다고 볼 수 있
다. 아이들에 대해 전혀 모른 상태에서 아이를 위해 할 수 있는 일은
매우 제한적이다. 돈이나 벌어주고 먹고 살기에 불편하지 않으면 아
빠로서의 역할은 다한 줄 알고 평생을 사는 사람들이 많다.

방송을 통해 비친 자상한 아빠의 모습이 마치 일상적인 것처럼 보
이지만 현실은 이와 달라도 너무 다르다. 먹고 살기에 목을 매달고
있는 아빠들은 단지 기본적인 의무만 다하는 것으로 만족하고 말기
때문이다.

더한 문제는 아이를 하나의 인격체가 아니라 자신에게 종속된 존
재로 보는 것이다. 부모보다 무지하고 힘이 더 약하다는 이유로 함
부로 대하는 경우가 많다. 심지어 부모가 자녀를 학대하기도 한다.
힘없는 존재의 서러움은 부모 자식간에도 발생한다.

이런 현상은 부모가 자신만 생각하는 이기적인 생각에 기인한다.
상대인 아이에 대한 배려심이 부족하기 때문이다. 거기다 공감능력
이 부족한 부모라면 아이가 언제 어떻게 상처를 받게 될지 모를 위
험한 상황에 있다고 보면 된다.

육아서는 아이를 이해하는 동시에 부모 자신을 돌아보게 하기 때

문에 부모에게는 자기계발서와 같다고 할 수 있다. 아이란 어떤 존재인가를 이해하면 육아에 대한 이해가 생기고 육아에 대해 공부하게 되면 자연 부모의 역할에 대해 고민하게 된다. 어쨌든 육아에 성공하기 위해 아이들에 대해 깊이 이해하기 위한 노력이 필수다.

뇌 과학이 차츰 발달하게 되면서 아이들의 발달단계에 대한 연구 성과를 책으로 만날 수 있다. 따라서 내 아이가 어떤 발달 단계에 있으며 어떤 생각을 하고 행동을 하는지 손쉽게 배울 수 있는 것이다. 제대로 알아야만 아이의 행동에 적절히 대처할 수 있다.

아이들과 부모의 관계 역시 반응과 대응이 적절히 이루어져야 원만한 관계 유지가 가능하다. 곧 자연스러운 소통이 필요해진다. 부모가 아이에게 제대로 된 반응을 하려면 아이의 입장에 설 수 있어야 한다. 당연히 그건 힘든 일이고 노력해서 되는 일이 아니다. 결국 전문가가 쓴 책을 통해 아이들의 특성에 대해 배워야 한다. 그래서 책을 읽지 않는 부모는 평생을 가도 아이를 이해 못한다. 평생을 걸쳐 생긴 서로간의 벽이 왜 생겼는지 알 도리가 없는 것이다.

아이를 알기 위해 아이의 발달과정에 대한 책을 반드시 찾아 읽어야 한다. 책을 읽거나 전문가를 찾아 상담이나 교육을 받는 수 밖에 없다. 당연히 대부분의 부모들이 저렴하고 접근하기 좋은 책을 선택할 수 밖에 없다. 책만큼 풍부한 지식을 전해주는 수단이 없는데도 책을 가까이 하지 않기 때문에 대부분의 부모들이 손쉽게 배울 수 있는 기회를 놓치고 사는 것이다.

일단 책에 대한 거부감을 줄이기 위해 손쉽게 읽을 수 있는 책으로 시작하는 게 좋다. 읽다 말 책이라면 아예 처음부터 손을 대지 않는 게 좋다. 쉬운 육아서를 통해 육아에 대해 하나 둘 배우게 되면 절로 알아가는 재미를 얻게 된다. 그리고 피할 수 없는 단계를 거친다. 아무 것도 하지 않았다는 후회가 그것이다. 왜 더 일찍 육아서에 관심을 가지지 못했을까, 왜 진작 아이들을 이해해보려 노력하지 않았을까 같은 것들이다. 되돌릴 수 없는 시간과 아이에 대한 미안함으로 눈물 짓게 될 것이다.

한번 흘러간 시간은 누구도 되돌릴 수 없고 뒤늦게 후회해 본들 아무런 소용이 없다. 후회하고 땅을 칠 시간에 더 이상의 후회를 줄일 수 있는 노력만 더하면 된다. 아는 대로 실천하는 과제가 남는 셈이다. 실행력에 관해서라면 책 한 권으로 다룰 정도이니 사실 말로 때우고 넘어갈 정도로 쉽게 여길 일은 아니다. 책 한 권을 읽고 느끼고 배운 대로 실행하기가 어지간해선 쉽지 않기 때문이다. 하나를 알더라도 독하게 실행하겠다는 의지가 더해져야만 육아를 하며 후회를 줄일 수 있다. 하루 10분만 책을 읽고 배운 것을 10분만 실천해보자 아이가 바뀌고 나도 바뀐다.

반드시 알아야 할
아이들의 특성

> 모든 사람은 천재다. 하지만 물고기를 나무 타는 실력으로 평가한다면 물
> 고기는 평생 자신이 형편없다고 믿으며 살아갈 것이다.
>
> ― 아인슈타인

🐱 아이의 사생활을 아세요?

EBS '아이의 사생활' 제작팀이 만들었던 책, 《아이의 사생활》. 이 책은 내가 거의 광적으로 집착했던 육아서 중 한 권이다. '이 책을 읽지 않고 아이를 안다고 말하지 말라' 고 말하고 싶을 정도로 아이들에 대해 과학적인 실험 결과로 분석한 책이다. 이 책을 읽고 나면 '내 아이의 운명을 결정짓는 혁명적인 책' 이란 부제가 절대 과장이 아니었다는 것을 깨닫게 된다. 그만큼 탄탄한 내용으로 독자들에게 감탄을 자아내게 하기 때문이다.

이 책은 기존의 자녀교육법만으로는 절대 알 수 없었던 아이들의 특성에 대한 과학적인 분석의 결과들을 보여준다. 단순히 아이의 존

재에 대해서뿐만 아니라 인간 존재에 대한 깊이 있는 통찰력을 보여주는 책이다. 즉 이 책 한 권만 독파해도 우리 아이를 바라보는 시각 자체를 바꿀 수 있다. 아이에 대해 더 세심한 관심과 공부가 필요함을 절로 깨닫게 된다.

《아이의 사생활》은 EBS 다큐프라임의 인간탐구 대기획 5부작 〈아이의 사생활〉을 책으로 옮겨놓은 것이다. 개정판으로 나온 이 책의 프롤로그 중 일부를 인용하면,

> '우리 아이를 어떻게 키울 것인 것인가'라는 질문에 초점을 맞추어 철학, 심리학, 교육학, 사회학, 과학을 아우르는 다각적인 관점으로 인간의 내면을 탐구했다. 이 모든 것을 바탕으로 새로운 자녀양육 해법도 제시했다'

다양한 관점에서 아이들을 탐구한 결과가 바로 이 책인 셈이다. 나는 이 책을 통해 우리 아이가 이 세상에 유일한 개성을 가진 존재란 걸 깨달았고 내 아이에게 맞는 양육 방식은 다른 이들의 육아법과는 다를 수 밖에 없다는 것을 깨닫게 되었다. 그리고 아이들에 대해 제대로 알지 못한 채 아이를 키워왔다는 생각에 얼마나 스스로 바보 같은 부모였는지 뼈아픈 반성을 했는지 모른다.

전 세계 72억 명의 인간 중에서 나와 똑같은 사람은 한 사람도 없다. 마찬가지로 내 아이도 세상에 단 하나뿐인 존재다. 같은 배에서 나온 형제라 하더라도 둘은 전혀 다른 존재다. 단지 부모의 유전자를 물려받았다는 것뿐이다. 그런데 우리들 대부분은 아이 생김새와

행동만으로 아이를 일반화시켜 판단해 버리고 만다.

아이가 아빠, 엄마 중 누구를 닮았는지 따져보는 것도 그런 일반화 중 하나라고 할 수 있다. 눈에 보이는 기준만으로 아이를 쉽게 판단하고 만다. 보이는 게 다가 아닌데도 말이다. 우리 아이들은 그보다 훨씬 더 심오한 존재인데도 말이다.

아이의 특성은 아이가 가진 뇌의 특성에 기인한다는 것을 알게 되면 아이를 대하는 태도는 180도로 바뀐다. 즉 눈에 보이지 않는 아이의 뇌가 아이를 특정 짓는다는 말이다. 우리 아이의 뇌에서 무슨일이 일어나고 있는지 알지 못하면 아이의 행동과 특성을 전혀 이해할 수 없다. 체중의 2퍼센트에 불과한 1.5킬로그램의 뇌가 아이의 특성을 결정한다는 사실을 알고 나면 육아에 대한 접근법이 아예 달라진다.

아이들의 연령대별 뇌의 발달 포인트를 알아야 그에 따른 양육방법도 배우게 된다. 그리고 남자 아이와 여자아이의 특성도 뇌 구조와 연관이 있다. 이처럼 아이들의 뇌가 아이들의 평소 행동에 어떤 영향을 주는지 알고 있어야만 아이를 이해하고 그에 맞게 대응할 수 있다.

대부분의 부모들이 이를 몰라 잘못된 방식으로 아이를 키우고 있다. 스스로 잘못을 인식하지 못하면 앞으로도 계속 잘못된 방식을 고수하게 된다. 그래서 아이들 특성을 알고 있는 부모와 그렇지 않은 부모의 태도는 갈수록 큰 간격이 생길 수밖에 없고 아이들의 미래도 극명하게 갈라질 수밖에 없다.

10년 후 아이의 두뇌,
부모의 책임이다

문 하나가 닫히면 또 다른 문이 열린다. 그러나 우리는 닫힌 문을 바라보며 너무 오랫동안 한숨 짓느라 다른 쪽 문이 열려 있는 것을 보지 못한다.

– 알렉산더 그레이엄 벨

🐱 아이의 미래는 부모에게 달렸다

《아이의 사생활》에서 인용한 아래 글은 부모가 아예 아이의 두뇌에 관심을 가질 수 밖에 없도록 한다.

> 어떤 뇌를 타고 났는지는 중요하지 않다. 이제 와서 그것을 따져봐야 누구에게도 득이 될 일은 없다. 중요한 것은 10년 후, 20년 후 아이의 뇌다. 그때 아이가 지금보다 더 좋은 뇌를 가지느냐, 더 나쁜 뇌를 가지느냐는 그 동안 아이의 보호자로 있는 부모의 책임이다.
>
> – P.159

나는 이 글을 읽고 섬뜩했다. 10년 후 아이가 지금보다 더 좋은 뇌를 가지느냐, 더 나쁜 뇌를 가지느냐는 부모의 책임이란 말. 즉 아이의 인생의 성패가 내 손에 달렸다는 말이다. 단순히 좋은 뇌, 나쁜 뇌를 가르는 것이 아니라 아이가 어떤 인생을 사느냐를 내가 결정하는 것과 다름 없다는 얘기다.

부모가 무지하면 아이에게도 그 무지가 그대로 계승됨을 의미한다. 배움에 관심 없는 부모가 육아에 대해 배울 리 만무하다. 육아에 관심 없는 부모는 자기 수준에서 아이를 키운다. 즉 실패할 육아를 하는 것과 같다.

그들이 쉽게 기대는 말이 있다. 주위에서 흔히 하는 말들이다. '아이들은 그냥 놔두면 알아서 큰다'는 말이다. 얼마나 무책임하고 위험한 생각인가. 자식의 인생이 달린 문제를 두고 방임하는 것인데도 말이다. 부모 자격이 없으면 아이를 키워선 안 된다는 생각을 하게 될 정도다.

자기계발에 힘쓰며 스스로의 인생에 충실한 사람일수록 아이를 키우는데 더 관심을 가지고 노력할 가능성이 크다. 결국 성장을 위해 노력하는 부모가 아이들 성장에도 관심이 있다. 아이의 성장에 관심 있는 부모는 육아를 하는 과정에서 더욱 더 성숙해 간다. 아이의 성장을 위해 관심을 가지고 노력하는 만큼 부모인 자신 역시 한 사람의 인간으로서 더욱 성숙해 지는 것이다.

결국 육아에 힘쓴다는 것은 부모와 아이가 같이 성장해 가는 과정이란 말이다. 부모의 성장 없이 아이가 성장할 수 없고, 아이를 성장시키면서 부모가 정체되는 경우는 없다. 부모의 지대한 관심과 사랑이 아이를 더욱 큰 사람으로 만들고 아이의 미래를 밝게 만든다.

부모는 육아에 대한 철학과 방향을 반드시 가지고 있어야 된다. 이를 위해 부모에게 반드시 필요한 것이 바로 아이들에 대한 관심과 이해다. 그리고 아이들을 이해하기 위해 아이들의 뇌에 관심을 가져야 한다. 아이 뇌를 알아야 아이를 이해하고 그에 맞는 육아에 힘쓸 수 있다.

🐾 아이의 뇌에 관심을 가져라

최근 뇌에 대한 연구 결과들이 각종 책으로 출간되어 나오면서 우리가 몰랐던 뇌에 관한 비밀들을 책을 통해서도 쉽게 접할 수 있게 됐다. 많은 전문가들이 아직까지도 뇌에 대해 연구하고 밝혀 내야 할 것들이 많을 정도로 뇌는 신비에 둘러싸여 있다고 한다.

뇌를 이해하는 것은 우리 인간을 이해하는 것과 같다. 그래서 요즘은 심리학에서도 뇌 과학의 성과를 많이 활용하고 있다. 뇌를 알면 인간의 행동과 심리도 이해할 수 있기 때문이다. 뇌 과학이 밝힌 연구결과들을 알아 갈수록 인간에 대한 이해도 깊어질 수 있다.

아직 많은 부모들이 뇌기능에 관한 내용들을 쭉 나열한 책을 보면 어렵다는 생각에 쉽게 접근하지 못하는 것 같다. 알고 나면 무척 유익한데도 첫 단추를 끼우는 게 그리 힘이 든 것이다. 그래서 가급적이면 쉽게 쓴 책들을 읽으면 도움이 되는데 앞서 소개한《아이의 사생활》을 적극 추천하고 싶다.

간단하게 뇌에 관한 이해를 돕기 위해 《아이의 사생활》에서 두뇌의 특성에 대해 소개한 부분을 인용해 본다.

첫째, 뇌는 특별한 것에 집중한다.

우리 뇌에는 항상 방대한 양의 정보가 들어온다. 그 모든 것을 기억하지 못하기 때문에 뇌는 중요하다고 생각되는 정보만 골라서 기억한다. 즉 특이한 것에 뚜렷한 반응을 보이는 것이다. 그래서 아이가 반드시 받아들여야 할 정보가 있다면, 아이가 그것을 중요하게 생각하게 하라고 한다. 주입하지 않아도 스스로 주의를 기울기에 하는 것이 최우선이라는 것이다. 아이가 좋아하는 것, 아이의 최대 관심사에서 출발하는 것이 좋다고 조언한다.

둘째, 뇌는 소리를 잘 기억한다.

기억은 뇌가 정보를 저장하는 시간에 따라 단기기억, 감각기억, 장기기억으로 구분된다. 단기기억은 20~30초 정도의 기억 능력을 말하고, 감각기억이란 1초도 안 되는 짧은 시간 동안, 그리고 장기기억은 1분 이상, 또는 영원히 잊히지 않는 기억을 말한다.

단기기억은 반복 또는 암송을 통해서 장기기억으로 넘어가고 그렇지 못한 정보는 잊어버리게 된다.

심리학에서는 획득한 정보를 반복적으로 생각하거나 말로 되뇌는 과정을 '시연'이라고 한다. 이렇게 소리를 이용해서 시연을 할 경우

기억은 30초 이상 유지된다고 한다. 따라서 단기기억의 용량을 늘리거나 그것을 장기기억으로 넘어가게 하고 싶다면 시연 방법을 사용하면 된다.

그런데 반복 시연은 생각보다 상당한 노력과 주의력을 요하기 때문에 아이에게는 조금 어려울 수도 있다고 한다.

셋째, 뇌는 이야기를 좋아한다.

한 공간에 서로 관련이 없어 보이는 열한 가지 사물을 배치하고 사물을 잠시 살펴본 다음 1분 후 물건의 이름을 모두 적어보는 실험을 했다. 이것은 앞서 소개한 시연 방법, 즉 소리를 잘 기억하는 뇌의 특성을 이용한다고 해도 열한 개라는 항목은 외우기에 너무 많다. 이럴 때 사용할 수 있는 방법이 있다. 바로 줄거리로 기억하는 것이다.

이야기 한 편을 즉석에서 꾸며내 그 이야기 속에 각각의 사물을 배치하는 것이다. 사물에 여자, 남자, 나비, 자동차, 시계, 군인 등이 있었다면 '여자와 남자가 있었습니다. 그들은 나비가 나는 봄날 자동차를 타고 데이트를 즐겼죠. 시간이 흐르고 남자는 군대에 가게 됩니다' 이런 식으로 말이다.

이 방법은 취학 전 아이들에게는 무리가 있고 제대로 효과를 보려면 초등학교 고학년 정도가 되어야 한다고 한다.

넷째, 뇌는 기분 좋은 것을 저장한다.

마음이 즐거울 때나 기분이 좋을 때는 수많은 뇌의 회로가 막힘없이 잘 흘러서 한 가지 일에 집중할 수 있다고 한다. 하지만 우울할 때나 뭔가를 억지로 할 때는 뇌의 회로가 어느 한 부위에서 막혀버려 집중할 수가 없게 되는 것이다. 왜냐하면 뇌는 '기분 좋은 것'을 더 잘 저장하기 때문이다.

뇌는 '긍정적인 생각'을 좋아한다고 한다. 긍정적인 생각은 신경 회로를 활짝 열고, 새로운 회로를 만들기도 한다. 반면 부정적인 생각은 회로 간 흐름을 방해하거나 억제한다. 뭐든 좋게 생각하고 잘 해보려고 노력하면 대뇌 세포에 신선한 자극이 전달돼 기억력도 좋아진다고 한다.

다섯째, 뇌는 진화할 준비가 되어 있다.

태어난 순간부터 뇌는 '사용하라, 그렇지 않으면 잃게 된다'는 원칙에 따라 움직인다고 한다. 뇌는 적절히 쓰면 쓸수록 좋아지나 사용하지 않으면 그 회로는 사라진다. 노력과 경험에 따라 신경세포들 사이의 회로는 강화되고 발달하기도 하고 약화되거나 사라진다고 한다. 재미없는 일을 할 때보다 재미있는 일을 할 때 뇌는 더 활발하게 움직인다. 따라서 일의 효율을 높이고 뇌를 발달시키려면 흥미를 느끼고 즐거운 일을 해야 한다.

간단한 사항만 정리했지만 뇌 과학이 밝힌 이런 뇌의 특성을 아느냐 모르느냐는 육아에 있어 큰 차이를 보일 수밖에 없다. 특히 아이를 키우는 부모는 뇌 과학 차원에서 육아에 접근한 책들을 반드시 찾아 읽어야 한다. 아이 뇌가 어떻게 발달하게 되는지 어떤 때에 행복해지는지 알게 되면 부모의 역할을 스스로 결정할 수 있게 된다. 그리고 확신을 가지고 육아에 임할 수 있다.

연령대별 뇌의 발달 상태가 아이들이 하는 행동을 규정한다. 부모가 전혀 이해할 수 없는 행동을 하는 것도 아이들의 뇌와 밀접한 관계가 있다. 이런 사실을 모르는 부모는 무조건 아이 탓을 할 수 밖에 없다. 원인을 모르니 아이를 잡는 것이다. 하지만 뇌의 발달에 따른 아이들의 특성을 이해하고 있는 부모는 아이들의 행동 원인을 뇌에서 찾으려 한다. 따라서 거기에 맞는 태도로 아이들의 행동을 이해하고 바꾸려고 노력할 수 있다.

얼마 전 TV를 통해 아이들의 중2병을 소개한 프로그램을 잠깐 본 적 있다. 여기서도 아이들이 중2병을 겪는 원인을 그 나이 대의 뇌의 특성을 통해 분석해 보여주고 있었다. 즉 아이들이 보여주는 갑작스런 변화 역시 뇌의 발달 특성에 따른 것이다. 십대 사춘기 아이들의 태도에 부모들이 무척 힘겨워하면서 아이들을 탓하는 경우가 많다. 하지만 아이들의 행동 원인이 무엇인지 이해하고 나면 오히려 아이 편이 되어주어야겠다는 결심을 하게 된다.

먼저 아이 편이
되어주세요

삶은 자신에게 일어난 일 10%와 그 일에 대한 자신의 반응 90%로 이루어진다.

– 척 스윈돌

🐱 카우아이 섬의 풀리지 않는 수수께끼

연세대학교 김주환 교수가 쓴 《회복탄력성》에는 아이를 행복하게 키우고 싶은 열망을 가진 부모들이 꼭 알아야 할 마법 같은 이야기를 만날 수 있다. 하와이의 카우아이 섬에 사는 주민들을 40년에 걸쳐 연구한 결과를 소개한 글이다.

연구에서는 불우한 환경 속에서 자란 아이들 대부분이 사회부적응자로 성장한다는 통계를 보여준다. 그런데 연구를 하다 보니 이들과는 다른 성장을 보이는 아이들이 발견된다. 즉 불행한 환경에도 불구하고 정상적으로 자라나는 아이들이 있었던 것이다. 그래서 연구자들은 의문을 제기했다. 어려운 환경 속에서도 아이들이 훌륭한 청년으로 성장할 수 있었던 비밀은 무엇일까? 도대체 무엇이 이 불우한 아이들을 좋은 환경에서 태어나고 자란 아이들 이상으로 사회 적응을 잘하게 만들어 준 것일까?

> 어려운 환경 속에서도 꿋꿋이 제대로 성장해 나가는 힘을 발휘한 아이들이 예외 없이 지니고 있던 공통점이 하나 발견되었다. 그것은 그 아이의 입장을 무조건적으로 이해해주고 받아주는 어른이 적어도 그 아이의 인생 중에 한 명은 있었다는 것이다. 그 사람이 엄마였든 혹은 할머니, 할아버지, 삼촌, 이모이든 간에, 그 아이를 가까이서 지켜봐 주고 무조건적인 사랑을 베풀어서 아이가 언제든 기댈 언덕이 되어주었던 사람이 적어도 한 사람은 있었던 것이다.
>
> – P. 054

사람은 역시 사랑을 먹고 사는 동물이라는 것을 밝혀준 셈이다. 아무리 불행한 환경 속에서 성장하더라도 자신을 진심으로 사랑하고 아껴주는 단 한 사람이 있다면 아이는 절대 빗나가지 않는다. 이 말은 반대로 수많은 비행 청소년들과 방황하며 사회에 적응하지 못하는 아이들이 늘어가는 이유를 설명해주는 말이기도 하다.

비행 청소년들을 선도하기 위해 밤거리를 거닐던 일본의 고교 선생님이 있다. 그가 쓴 책 《애들아, 너희가 나쁜 게 아니야》는 아이들을 어둠 속으로 내 몬 것은 다름 아닌 어른들이란 사실을 일깨워 준다. 어른들의 잘못으로 인해 아이들이 얼마나 큰 고통을 겪고 있는지를 생생한 사례로 보여주는 책이라 우리 부모들이 반드시 읽어야 할 책으로 추천하고 싶다.

불량끼 넘치는 아이들을 거리에서 만나면 두려움을 갖기 마련이다. 그런데 이 책을 읽고 나면 그런 아이들을 측은하게 여기게 된다. 부모나 어른들로부터 제대로 사랑을 받지 못한 아이들의 모습이기 때문이다.

자라나는 아이들은 부모의 헌신적인 사랑을 먹고 자라나면서 험난한 세상을 헤쳐 나갈 힘을 얻게 된다. 자기 자신에 대한 사랑과 자아 존중감은 바로 부모들이 길러주는 것이다. 어떠한 역경이라도 극복하는 힘을 부모로부터 얻는다. 다름 아닌 부모의 사랑이 우리 아이들이 행복한 삶을 살아갈 수 있는 힘의 원천인 것이다.

😺 긍정성을 키우기 위한 부모의 지침

자존감 있는 아이들이 자신을 긍정적으로 생각한다. 스스로의 가치를 긍정하는 것이기 때문에 인생을 살아가는 큰 힘이 된다. 스스로에게 긍정적인 아이들은 자신을 가치 있고 유능하게 여기며 쉽게 좌절하지 않는 반면에 자신에 대해 부정적인 아이들은 스스로를 보잘것없는 사람이라고 생각하기 마련이다.

그래서 부모는 아이들이 긍정적으로 생각하는 습관을 길러주도록 노력해야 한다. 이를 위해 부모 스스로가 늘 긍정적인 말과 태도로 무장하고 있어야 함은 당연한 일이다.

유대인 부모들은 자녀에게 늘 "모든 일이 다 잘 될 거야"라는 말을 한다고 한다. 매일 아침 일어나서 가장 먼저 아이들에게 하는 말이라고 한다. 삶을 살아가는 부모의 태도가 긍정적이고 낙천적이라면 아이들 역시 부모의 태도를 닮기 마련이다.

아이들에게 긍정성을 키워주기 위해 부모들이 평상 시 할 수 있는 일들은 그리 어려운 일이 아니다. 조금만 관심만 기울이면 된다.

첫째, 아이들과 좋은 관계를 유지하기 위해 노력해야 한다. 자녀들과 함께 하는 시간을 늘려야 하고 사랑한다는 말, 따뜻한 포옹으로 애정 표현을 자주 해야 한다. 말로만 사랑한다고 건성으로 대하지 말고 말한 만큼 실천할 수 있어야 한다. 함께 어울린 만큼 친숙해질 수 있다. 같이 산다고 해서 모두 가족처럼 가까운 건 아니다.

둘째, 항상 웃고 애정이 가득한 표정으로 아이를 대해야 한다. 이런 표정을 보면서 아이들은 사랑을 받는다고 느끼게 된다. 반대로 아이들에게 역정을 내고 짜증을 낼 때 아이들이 무슨 느낌을 받을까 생각해보라. 평소 이런 부모들을 보면서 아이들이 받을 상처를 생각하면 아찔할 정도다.

셋째, 아이를 믿어야 한다. 부모가 아이를 자주 의심하고 다그치는 것은 아이의 자존감을 땅에 내동댕이치는 것과 같다. 부모의 이런 행동으로 인하여 아이에게 여러 가지 부적응 행동이 유발된다고 한다. 아이가 하는 말을 근거 없이 의심하지 말자. 그냥 믿어주기만 해도 아이의 자존감이 살아난다.

아이들을 하나의 인격체로 대해주어야 한다. 힘이 없다고 해서 부모 마음대로 대해도 된다고 생각하면 큰 오산이다. 많은 부모들이 아이들이 행동이나 말이 잘못됐다고 판단되면 가차없이 야단치고 힘으로 제압해 고치려 한다. 그 순간엔 효과가 있을지 모른다. 하지만 그것은 아이의 자존감을 무너뜨리는 부정적인 효과를 가져올 뿐이다.

아이의 성공과 행복을 원한다면 아이들의 자존감을 높이기 위해 늘 노력해야 한다. 부모가 어떤 말과 행동을 하는 것이 아이의 자존감을 높이는 길인지 늘 고민하고 공부해야 한다.

아이를 대할 땐 항상 아이 편이 되겠다고 결심하자. 그리고 내 아이 이마에는 '내편이 되어주세요'라고 써 있다고 상상하자. 이런 간단하고 사소한 노력으로 아이들을 대하는 태도를 긍정적으로 바꿀 수 있다. 소중한 우리 아이들을 세상에서 가장 행복한 아이로 키울 수 있다.

아이들에게만 숙제 하라고 닦달할 것이 아니라 부모들도 아이들을 위해 해야 할 숙제를 스스로 챙기는 모범 부모가 되도록 하자.

⑤

내 아이에 대해
얼마나 알고 있나요?

모든 순간은 생애 단 한번의 시간이며 모든 만남은 생애 단 한번의 인연

이다.   – 법정

🐱 사랑하는 만큼 알게 된다?

내 아이에 대한 관심 정도를 알아볼 수 있는 기준들이 몇 가지 있
다. 그것들을 챙겨보게 된 계기가 있었다.

아주 오래 전 지인 중 한 사람이 내게 우리 아이들 생일을 물은 적
이 있었다. 어찌된 일인지 아이가 태어난 연도와 생일이 전혀 기억
이 나지 않는 것이다.

초등학교 다니는 아이가 몇 반 몇 번인지를 적어야 하는 순간에
당황한 적도 있다. 내가 아이들에 대해 아는 게 별로 없다는 사실에
진땀을 뺐던 기억이다. 세상에서 가장 사랑하고 소중하게 여기는 우
리 아이들에 대해서 말이다.

알면 좋아하게 되고 사랑하게 된다고 하는데, 그 반대는 성립하지 않는 것일까? 왜 사랑하는 대상에 대해서는 무관심하기도 하고 아주 기본적인 것도 알지 못하는 것일까?

직장인 아빠들이 가장 좋아하는 변명거리는 여기서도 들먹이게 된다. 바쁘다는 것. 먹고 살기 바빠 아이들에게 관심과 사랑을 주지 못한다는 것 등등

현대인들은 모두 바쁘다는 것을 상식처럼 여긴다. 바쁘기 때문에 정작 해야 할 일들을 못해도 너그러워질 때가 많다. 하지만 직장인 아빠들은 알고 있으면서 모른 체 하는 게 한 가지 있다. 회사에서는 절대 이런 변명이 통하지 않는다는 사실 말이다.

직장에서 '바빠서 못했다'는 변명은 무능함을 대변하는 말이다. 업무의 우선 순위도 모르고 시간활용도 제대로 못하는 직원으로 낙인 찍힐 변명이기 때문이다.

왜 회사에서는 하지 못하는 변명을 자기 일상에서는 아무렇지도 않게 하게 되는 걸까? 직장 생활에서 익힌 엄격한 기준을 가정에서는 적용하지 않기 때문이다. 쉽게 얘기하면 집에 있는 동안에는 자신의 역할에 대한 직무유기를 하고 있는 셈이다.

아빠가 될 자격 중 하나는 반드시 아이들을 사랑하는 만큼 관심을 가져야 한다는 것이다. 아이에 대해 몇 가시만 실문을 해보자. 내가 일상에서 접하고 당황했던 질문들이다.

아이의 키는?

아이의 몸무게는?

아이가 다니는 유치원의 반 이름은?

초등학교의 경우 몇 반? 반에서 번호는 몇 번?

아이와 친한 친구의 이름은?

미리 미리 챙겨보도록 하자. 그렇지 않으면 갑자기 누군가 이런 질문을 했을 때 당황하게 된다. 단순히 모른다는 이유 때문이 아니다. 내 아이에게 무관심했다는 사실 때문이다.

큰 아이가 무척 덩치가 크기 때문에 가끔 받는 질문이 아이 키와 몸무게가 얼마냐는 것이다. 사실 내가 관심을 가지고 물어보지 않는 이상 알 수 있는 방법이 없다. 적극적인 관심이 없다면 모르는 게 당연한 일이 되어 버린다. 그렇게 당연해진 것들이 얼마나 많은지 한 번 살펴 볼 일이다.

사랑한다면 사랑하는 만큼 관심을 가지자. 이제는 아이에 대해 모르면서 사랑한다고 말하지 말자. 아이에게 다정하게 말을 걸고 아이 신변에 대해 물을 정도가 아니라면 말이다. 사랑하는 만큼 아이에게 관심을 가지자. 서로 소통하고 관심을 가진 만큼 아이에 대한 사랑도 더욱 커져만 갈 것이고 관계도 더욱 돈독해질 것이다.

🐾 아이와 함께 있는 시간의 질이 아빠의 자격을 결정한다

집이라는 공간에 온 가족이 함께 있다고 해서 서로의 친밀감이 더해지는 건 아니다. 함께 지냈다고 가족 아닌 사람이 가족이 될 리 만무하다.

우리 부모님은 그리 살가운 분들이 아니셨다. 아버지는 무뚝뚝했지만 어머니는 그래도 정이 있는 분이셨다. 그런데도 지금 어머니와 단 둘이 있으면 대화가 거의 없다. 같은 공간을 공유하고 있을 뿐 아무런 소통이 없다. 그럴 때 서로에 대해 알 수 있는 것은 아무 것도 없다. 대화가 없다는 건 어찌 보면 서로에 대해 무관심하다고 할 수 있다.

가족이라도 이렇게 서로 무심한 관계가 된다. 일부러 관심을 가지지 않으면 마치 가족이 아닌 것처럼 살게 된다. 대화 없이 지내는 게 일상이 되다 보니 어색하지도 않다. 그러면 둘 사이는 늘 그 이상도 그 이하도 아닌 관계가 지속된다.

가족이라는 이름으로 함께 살고 있다고 해서 그 의무를 다하고 있다고 생각하지 말자. 아빠가 집에 있어주기만 하면 아빠 역할을 다하고 있다고 착각하지 말자. 대부분의 아빠들이 그런 착각을 하고 산다.

가족이라는 단어에는 관심과 사랑의 느낌이 그대로 내포되어 있다. 그런데 세월이 갈수록 가족이란 말이 갖는 따뜻한 이미지가 퇴색되어 가는 느낌이다. 그것도 아주 빨리 말이다.

가족끼리 일어나는 참사들을 자주 기사를 통해 접한다. 물론 자극적인 기사로 독자들의 이목을 끌려는 매체들 때문에 사회가 더욱 삭막하게 느껴지는 것일 수 있지만 그런 기사들을 접하는 우리 정신도 날로 메말라 간다는 생각을 지울 수 없다.

가족이란 단어 본연의 따뜻한 이미지를 되찾으려면 노력이 필요하다. 노력하지 않으면 서로 대화조차 없는 그야말로 공간만 공유하는 관계로 전락할지 모른다. 이런 상황을 바꿀 수 있는 유일한 사람은 아빠일 수밖에 없다. 가장인 아빠가 바로서야 가정이 바로 선다고 할 수 있다.

이제 가족들과 있는 시간의 질을 바꾸도록 노력하자. 함께 있어준다고 아빠가 아니다. 아빠의 역할은 화목한 가정을 만드는 것이라고 스스로의 역할을 정의해보자. 사회에서 회사에서 자신의 비전 만들기를 하듯 가정에서도 비전을 세우자. 자신의 가정이 어떤 모습이기를 바라는지 그림을 한 번 그려보자.

특히 아이들과 보내는 시간의 질을 바꾸도록 노력해보자. 그간 회사를 핑계로 집에만 오면 소파에 몸을 던져 휴식에 전념했다면 시선을 아이들에게 돌려보자. 아빠의 이런 작은 변화가 아이들에게는 크게 영향을 준다. 아빠에 대한 인식이 바뀔 뿐 아니라 집에서 느끼는 안정감 또한 더욱 커질 것이다.

휴식에 대한 관념부터 바꾸면 좋다. 집에 돌아와 무조건 몸을 누이고 TV를 보거나 자신의 관심사에만 전념했다면 이제 아이들과 놀아주고 대화하면서 보내는 시간을 휴식 시간이라고 정하자. 아이들과 보낸 시간만큼 아빠로서의 자부심 또한 커질 거라 생각한다. 관심과 시선만 자신에게서 아이들에게 돌렸는데도 일상이 바뀌는 경험을 하게 될 것이다.

가화만사성이라고 했다. 가정의 화목은 아이들 하기에 달린 게 아니라 어른들의 몫이다. 아빠 엄마의 몫이다. 특히 태도의 변화를 극적으로 할 수 있는 쪽은 아빠다. 그간 회사 업무에만 전념하며 살다 보니 가정에 무심했을 가능성이 크기 때문이다.

아빠의 역할에 무게를 더하는 만큼 아빠의 일상도 바뀐다. 아빠가 바뀌면 아이들이 바뀌고 아내가 바뀐다. 결국 가정의 화목은 아빠 한 사람의 태도 변화에 달려 있다. 가정이 잘 되면 만사가 다 잘 된다. 결국 성공한 삶은 가정에서 출발해야 함을 깨닫게 되길 바란다. 그 출발은 가족에 대한 관심에서 시작됨을 잊지 말자.

Chapter

04

자기를 알아야
육아 아빠가 된다

모두가 세상을 변화시키려고 생각하지만,

정작 스스로 변하겠다고 생각하는 사람은 없다.

– 톨스토이

❶
엄마와 아빠의
육아는 달라야 한다

자신을 바꾸고 싶다면, 인생을 바꾸고 싶다면, 진심으로 원하는 것을 손에 넣고 싶다면 '지금까지의 자신'을 모조리 버리는 각오가 필요하다.

– 도마베치히데토,《머릿속 정리의 기술》에서

🐾 아빠의 존재감을 높이자

퇴근 후 집에 돌아왔을 때 아빠를 맞이하는 아이들의 반응이 대체로 어떤가? 아래 4가지 중에서 선택해 보자.

1. 환호성을 지르며 아빠를 반긴다.
2. 건성으로 인사만 건넨다.
3. 그냥 무시한다.
4. 아빠를 피한다.

귀가하는 아빠를 대하는 아이들의 반응이 집에서 아빠의 존재감을 확인하는 바로미터가 된다. 대부분의 아빠들이 기대하는 것은 당연히 1번이다. 지친 몸을 이끌고 현관으로 들어설 때 아이들이 환호성을 지르며 아빠를 반긴다면 그 즉시 피로감이 싹 가신다. 아이들 표정을 따라 아빠 얼굴에도 웃음꽃이 살아날 수 밖에 없다.

그런데 2번부터는 사실 아빠는 힘이 빠진다. 그 순간의 아이들 반응에 실망하고 아빠로서의 존재감 부재로 인해 절망한다. 평소 아이들에게 무심했기 때문일 수도 있지만 아빠의 역할에 대한 기준을 잘못 세우고 사는 건 아닌지 고려해 볼 문제이다. 아이들이 아빠에게 가장 의지할 시기에 아빠의 존재감이 크지 않다면 아이들이 훌쩍 성장한 후의 미래에 아이들과의 관계는 암울할 수 밖에 없다.

3번, 4번의 경우 아빠는 없어도 되고 있어도 되는 존재다. 아빠의 역할에 새빨간 경고등이 켜진 셈이다. 4번 보다는 3번이 낫지 않느냐고 항변하는 아빠가 있을 수 있는데 알고 보면 둘 다 도긴 개긴이다. 아이들 입장에서 보면 피하고 싶은 아빠보다 그냥 무시해도 되는 아빠가 나을 지 모를지언정 말이다.

부모들끼리 육아에 대한 이야기를 나누다 보면 아빠 엄마의 육아가 달라야 한다는 사실에 입을 모아 찬성한다. 둘 중 하나가 아이들에게 엄격하다면 한쪽은 반드시 부드럽게 대해야 한다는 것이다. 한쪽이 야단치면 한쪽은 다독여 주어야 한다. 둘 다 죽이 맞아 부부가 일심동체가 되면 아이가 힘들어지거나 아이를 망칠 수 있다. 육아에 있어서는 일심동체의 힘을 발휘하면 안 된다.

아주대 심리학과 김경일 교수의 《지혜의 심리학》에서도 부모 역할에 기준이 필요함을 강조하고 있다.

아빠가 집에 있는 동안은 엄마하고만 있던 집과는 무언가 달라야
한다. 아빠가 집에 들어왔는데도 전혀 차이가 없다는 건, 달리 생각
해보면 무서운 일이다. 사람이 어떤 공간에 들어왔는데 조금도 변
화가 일어나지 않는다면 그 사람은 투명인간 밖에 되지 않는다. 그
런 취급을 받지 않기 위해서는 다른 역할을 해야 한다.   – P.176

부모 양쪽이 모두 아이를 엄격하게 하거나 살갑게 대한다면 불리
한 쪽은 아빠라는 사실을 일깨운다. 엄마가 직장인이 아니라면 아이
들은 대부분의 시간을 엄마하고 지낸다. 하루 종일 엄마와 지내면
엄마의 패턴에 맞춰진 일상을 보낸다. 그런데 집에 돌아온 아빠가
엄마와 똑같은 역할을 고집하면 김경일 교수의 표현을 빌리자면
'1+1=1'의 상황을 만들어내는 사람일 뿐이다. 아이들로부터 외면
당할 수 있다. 아빠로서의 존재감을 보여주지 못하는 것이다.

예를 들어 하루 종일 학습지, 학원, 공부 때문에 엄마의 잔소리에
시달리던 아이들에게 퇴근 후 집으로 돌아온 아빠도 덩달아 아이들
공부를 챙기고 야단치는 역할을 담당 한다면 아빠의 존재감은 없다.
아이들은 엄마와 있을 때나 아빠와 있을 때가 똑같게 된다. 그러면
퇴근 후 집으로 들어오는 아빠의 존재감은 아이들의 무관심으로 확
인하게 될 뿐이다. 하루 종일 업무에 지친 몸을 이끌고 집으로 들어
섰는데 아빠를 본 아이들 반응이 시큰둥하다면 얼마나 가슴 아픈 일
인가? 괜스레 아이들에게 심술이나 부리게 된다.

아빠가 아이들과 보내는 시간은 엄마보다 상대적으로 적을 수 밖
에 없다. 그래서 아이들과의 시간적 공간적 거리는 길고 멀다.《지혜

의 심리학》에서 김경일 교수는 아이들에게 아빠는 단지 '함께 있으면 좋은' 느낌을 주라고 한다. 아빠가 집에 있는 동안은 엄마하고만 있던 집과는 무언가 달라야 한다는 것이다. 자신이 들어오면 아이들이 좋아하는 아빠가 되어야 한다. 특히 자상하고 세심한 배려를 할 자신이 없는 아빠는 더더욱 그래야 한다고 강조하고 있다.

우리 집 아이들은 퇴근 전부터 아빠에게 전화를 자주 하는 편이다. 그리고 늘 똑같은 질문을 한다. '아빠 언제 와요?' 그리고 집에 일찍 들어가면 환호성을 지르며 현관까지 나와 아빠를 맞이해 준다. 그런 날은 직장에서 보내며 쌓인 피로와 스트레스가 싹 씻겨 내려가는 느낌이 든다. 집에 들어서기 전까지만 해도 퇴근하는 직장인이었다가 현관만 들어서면 아빠 모드로 바뀌게 된다. 다 아이들의 이런 반응 덕분이다.

역할 모드가 직장인에서 아빠로 바뀌면서 순식간에 기분전환을 하게 된다. 그럴 때 아이들이 아빠를 대하는 반응은 아빠의 마음을 더욱 편안하게 한다. 우리 아이들이 아직 어려서 그런지 모르겠지만 늘 아빠의 기대를 저버리지 않고 아빠를 환대해 준다. 때문에 아빠로서의 존재감을 잃지 않도록 아이들에게 더 많은 사랑과 관심을 가져야겠다는 결심을 하게 해 준다.

🐾 말단 직원으로 키워지는 아이들

요즘은 아이들이 놀이터에 나가도 놀아줄 친구가 없다고 한다. 아이들 모두 공부와 학원 등으로 서로 어울릴 시간이 없기 때문이다.

그래서 놀아도 혼자 논다. 혼자 컴퓨터 게임을 하고 어른들 스마트폰을 가지고 노는 것이 놀이의 일상이다. 나름 놀면서 스트레스를 푸는 방식인 셈이다. 조기교육의 열풍이 나은 부작용이라고 할 수 있다. 부모들은 분명 아이들을 위해 투자하는 거라고 말할지 모른다. 하지만 그렇게 자란 아이들의 미래가 부모들이 기대하는 것만큼 밝기만 할까?

KAIST 전기 및 전자과 김대식 교수는 그의 저서 《이상한 나라의 뇌 과학》에서 이런 부모들에게 경종을 울릴만한 이야기를 하고 있다.

> 대기업 임원 한 분의 이야기다. 말단 직원으로 근무할 때는 지식과 팩트가 가장 중요한 능력이었지만, 지금은 자신과 타인을 이해하는 능력, 결국 인간관계가 그 무엇보다도 중요하다고. 하지만 친구들과 맘껏 놀아보지도 못한 대한민국 아이들은 타인과의 관계를 배울 수도, 경험할 수도 없다. 결국 아이의 미래를 위해 놀이터를 희생하는 대한민국 부모들은 아이를 임원이 아닌 말단 직원으로 키우고 있다는 말이다.
>   - P. 208

나는 이 글이 주는 경고의 말에 대한민국 부모들이 귀 기울여야 한다고 생각한다. 부모들의 욕심이 얼마나 근거가 없는지, 그로 인해 아이들의 삶의 폭이 얼마나 좁아지는지 머리 속에 그려졌기 때문이다. 취학 전부터 조기교육의 열풍에 휘말려 공부에만 매달려야 하는 아이들의 어두운 미래를 보는 듯 했다.

아이들을 처음 어린이 집에 보낼 때 가장 중요한 목적은 아이들의 사회성을 길러주기 위한 것이다. 태어나서 줄곧 가족들과 지낸 아이에게 내 가족이 아닌 타인을 만나 함께 살아가는 방법을 배우게 하기 위해서다. 그런데 부모들은 관계 형성에 대한 목적보다 취학 전배워야 할 과목들에 더 관심이 많은 듯 하다. 친구들과 잘 어울려 놀며 사회성을 길러 나가는 것이 중요한데도 한글을 깨치고 영어를 배워야 하는 등의 조기 교육에 더욱 관심이 많다.

연령대를 고려하지 않은 무조건적인 주입식 학습이 우리나라 교육의 가장 문제점 중 하나다. 모든 부모들이 여기에 열광하고 있으니 어느 부모도 아이를 자신의 주관대로 키울 수 있는 여건이 안 된다. 이게 아닌데 하다가도 옆 집의 어느 아이가 무슨 교육을 받는다고 하면 우리 아이도 보내야 할 것 같은 조급증을 느끼는 게 부모 마음이다. 결국 아이들 조기 교육 방식에 대한 사회 전체의 자성이 없는 한 아이들은 잘못된 교육 시스템에서 헤어나지 못하게 된다.

🐱 아이들을 밖으로 밖으로

아이들은 에너지가 넘친다. 밖에 풀어놓으면 하루 종일 쉬지 않고 뛰어 놀 수 있는 에너지를 품고 있다. 그런 아이들을 집에 묶어 두는 것은 아이를 병들게 하는 것과 같다. 그 뿐 아니라 친구를 사귀지 못하면 인간관계에도 문제가 생길 수 있다. 아이들과 밖에서 뛰어 놀게 하고 친구들과 어울릴 수 있는 여건을 만들어주는 역할도 아빠가 해야 할 몫이다. 아이들의 삶의 폭을 넓히고 관계를 형성하는 힘을 키우는데 결정적인 역할을 하는 것이다.

직장인 아빠들이 유일하게 아이들을 위해 시간을 낼 수 있는 시간은 주말뿐이다. 그 시간에 아이들과 함께 야외활동을 하지 못한다면 아이들과 어울릴 수 있는 시간은 거의 없다고 보아야 한다. 그래서 우리 직장인 아빠들은 한 주간 쌓인 피로를 집에서 잠으로 풀지 말고 아이들과 놀이터로 운동장으로 나가 함께 뛰어 놀면서 풀어야 한다. 그게 오히려 피로를 푸는 실질적인 방법이다.

아이와 함께 나가게 되면 이렇게 한 번 해보기 바란다. 아이가 집에 가자고 할 때까지 아무 말 않고 그냥 놀아주는 것이다. 힘들어도 힘들다는 말은 하지 말고 그냥 함께 놀아보자. 아이들이 얼마나 노는 걸 좋아하는지 곁에서 한번 느껴 보길 바란다.

아이들을 야외에서 뛰어 놀게 하는 것은 아빠의 중차대한 역할이다. 함께 놀 친구가 없는 아이들이 집에서 게임이나 하며 소일하지 않도록 아빠가 나서서 아이들을 밖으로 데리고 나가야 한다. 육체 활동이 많은 아이들은 두뇌가 더욱 발달한다고 한다. 집에서 게임하고 놀면서 두뇌를 병들게 하기 보다 열심히 뛰어 놀면서 똑똑하게 키우겠다는 생각으로 놀아주면 된다.

아빠가 아무리 운동에 소질이 없어도 아이들에겐 아빠는 운동 선수다. 아이들보다 훨씬 잘 뛰고 뭘 해도 더 잘하기 때문이다. 딱히 할 게 없다면 그냥 나가서 함께 산책만 해도 된다. 아이들은 나가기만 하면 스스로 뛰고 뒹굴며 논다. 아빠는 그냥 아이가 하자는 대로 보조만 맞춰줘도 된다.

아빠는 회사에서
내 생각하나요?

사랑한다는 것은 관심을 갖는 것이며 존중하는 것이다. 사랑한다는 것은
책임감을 느끼는 것이며 이해하는 것이고 사랑한다는 것은 주는 것이다.

– 에리히프롬

🐾 회사가 인생의 전부 같은 직장인들

군대 갔다 온 현역들은 안다. 훈련병 시절, 몇 주만 부대생활을 하
고 나면 그 폐쇄된 곳에서 나고 자란 것처럼 느껴진다는 것을. 저 멀
리 부대 바깥으로 지나다니는 자동차들의 풍경이 딴 세상같이 느껴
진다. 제대해서 바깥 세상으로 나간다는 건 머나 먼 꿈처럼 느껴지
기도 한다. 제한된 지역에서 반복된 일상을 살다 보니 생기게 된 현
상이다.

직장인들은 아침 출근 시간부터 저녁 퇴근 시간까지 거의 하루 온
종일을 회사에서 보낸다. 야근이라도 하는 날 혹은 저녁 회식이라도
있는 날엔 가족이 잠든 시간에 귀가한다. 그리고 아침 일찍 일어나

다시 회사로 향한다.

우리 회사 직원들이 퇴근할 때 내가 가끔 그런다. '집에 잘 갔다 오라'고. 삶의 패턴을 보면 그 인사가 적격이다. '집에 잘 가'가 아니고 '잘 갔다 와'가 맞다. 하루 대부분의 깨어있는 시간을 회사에서 보내고 잠시 쉬러 집으로 들어가는 것이니 말이다.

군생활 할 때만큼은 아니지만 일과시간을 회사의 생활 패턴으로 반복해서 보내는 직장인들의 정체성은 그냥 회사인이다. 군대에서 살다가 잠시 휴가 차 집에 가는 것처럼, 회사에서 하루 종일 열정적으로 살다가 집에 가 쓰러진다. 인생 자체가 직장인이다. 자신이 누군가의 남편이고 아빠란 사실도 잊고 산다.

밖에서 누군가를 만나도 어느 회사의 어느 직책의 누구다. 그냥 어느 집의 누구가 아니다. 아이들 학교 아빠 모임이라면 모를까 누구 아빠라고 소개할 일이 없다.

한번은 초등학교 아이들 아빠 모임에 나간 적 있다. 누구 아빠라고 소개할 수 있는 자리가 거기 밖에 없었다. 나를 포함 일곱 명이 모였는데 직장인이 나 혼자였다. 다른 분들은 모두 사업을 하는 사장님들이다. 그런데 직장인인 내가 낄 자리가 아닌 것 같아 한 번 참석하고 그·후로 안 간 기억이다. 직장인 자리가 아니면 정체성을 찾지 못하는 내 모습을 확인한 것 같아 지금 생각해도 씁쓸하다.

🐾 직장인 아빠, 가끔 진짜 아빠로 돌아오자.

나는 중년 남성들을 대상으로 강연할 때마다 묻는다.

"아이들과 친하세요?"

그렇다고 답하는 사람은 열에 한 명 정도다. 엄마들도 마찬가지다.
부모들 중에는 자식들하고 한 번도 친해져 본 적 없이 출가시키는
경우가 의외로 많다. 그런데 그런 부모가 아이들에게 뜬금없이 질
문할 때가 있다.

"요새 무슨 고민 있니?"

"혹시 남자 친구 생겼냐?"

아이들은 바보가 아니다. 매일 수다 떠는 친구에게도 할까 말까 한
중요한 정보를 별로 안 친한 사람에게 왜 주나? 아무리 부모와 자
식 사이라고 해도 그건 욕심이다.

김미경의 《아트스피치》에 나오는 이야기다. 아이들이 조금만 커
서 마음을 나누는 친한 친구가 생기면 부모는 뒷전이 된다고 한다.
아이들을 품안의 자식이라고 생각하지 못 했다면 섭섭해할 준비를
미리 해 두는 게 좋다. 아직 어릴 때야 아빠 엄마가 어딜 간다고 하
면 무조건 따라 나서려고 한다. 늘 함께 하고 싶어 하지만 어느 순간
부터 혼자 있으려고 하고 친구들하고만 어울리려고 한다. 그때 가서
야 후회해 본들 아무 소용없다. 친해질 수 있을 때에 아이와의 친밀
감을 최고치로 높여 놔도 부모 품을 떠나려 할 때는 반드시 오기 마

련이다.

나는 아이들이 훌쩍 커서도 아이들과 친구처럼 지내는 아빠였으면 한다. 우리 아버지 세대는 부자지간에 그런 게 없어서였는지 아빠라 부르기엔 좀 어색한 느낌의 관계였다. 무뚝뚝하고 과묵했던 나의 아버지, 지금은 돌아가셨지만 지금까지 살아계셨어도 대화가 없는 부자지간이었을 거라 생각한다. 아주 어릴 때부터 그랬으니 어색한 관계를 극복하기 힘들 수 밖에 없다.

그래서 아이들과는 격의 없이 대화하고 어울리려고 노력한다. 절대 아빠와의 벽이 없었으면 하는 바람으로 말이다. 아이가 가장 친근하게 여기는 존재가 되고 싶다. 고민이 생겼을 때 가장 먼저 허심탄회하게 얘기를 나누는 마음으로 통하는 아빠였으면 한다. 세상에서 가장 예뻐했던 나의 아이들이 성장해서도 아빠와의 관계에 변함이 없었으면 하고 바란다.

직장인 아빠들은 집에 돌아오면 아이들에게 세상에 둘도 없는 친구 같은 다정한 아빠여야 한다. 아이들이 아직 어릴 때 말이다. 그래서 아무리 직장 업무로 바빠도 가끔 아이들을 생각하는 다정한 아빠가 되자. 직장인이 아닌 아빠가 되는 시간이 필요하다. 함께 할 시간이 태부족인 직장인 아빠들이 나중에 친구보다 못한 존재가 되지 않기 위해서 말이다. 시간을 되돌릴 수 없듯이, 아이와의 관계도 시간이 흐르고 난 뒤엔 아예 되돌리지 못한다.

아빠는 회사에서 내 생각해?

《아빠는 회사에서 내 생각해?》란 제목의 책이 있다. 아이들이 좋아하는 '병관이 시리즈'의 그림 작가 김영진의 창작 동화다.

'병관이 시리즈'는 아이들에게 책 좀 읽어주는 아빠들에게는 잘 알려진 책이다. 아이들 일상에 관한 이야기와 그림이 재미있게 어우러져 아이들 사이에선 무척 인기를 끌었던 책이다. 책의 그림을 담당했던 작가가 최근 출간한 책이 바로《아빠는 회사에서 내 생각해?》란 책이다. 솔직히 책 제목부터가 아이들을 대상으로 한 책 같지 않은 게 사실이다. 오히려 아빠들이 읽고 뭔가를 느끼라고 쓴 책 같다. 아이들에게 무심한 직장인 아빠들에게 경종을 울려주는 메시지를 담은 책이라고 생각된다.

이 책에는 병관이가 안 나온다. 대신 그린이가 아빠와 함께 주인공이다. 첫 장면에서 출근하는 아빠와 그린이가 나누는 대화 장면이다.

"아빠, 오늘 언제 와? 어제도 나 아빠 엄청 기다렸단 말이야."

"그린아 미안해. 아빠도 우리 그린이 생각은 엄청 했는데……."

"몇 번? 난 아빠 생각 백 번, 아니 만 번도 넘게 했어."

"정말? 그럼 오늘은 아빠도 세어 봐야겠다. 그린이 생각 몇 번 하는지. 그리고 오늘은 꼭 일찍 올게. 약속!"

우리 아이들이 매일 "아빠 오늘은 일찍 와?"하고 묻는 장면이 떠올라 미소가 지어지는 장면이다. 그리고 이어지는 페이지에는 왼쪽 페이지엔 아빠의 회사에서의 일상, 오른쪽 페이지엔 그린이의 일상이 그려진다. 아빠가 출근한 장면에서 그린이가 유치원에 가는 장면이, 아빠가 외근 나가는 장면에선 그린이가 야외 체험 학습 가는 장면, 그리고 아빠 점심시간은 그린이 점심시간이 함께 그려진다.

늦은 밤, 그린이 아빠는 집으로 가는 버스 안에서 곰곰이 생각한다. '오늘 그린이 생각을 몇 번 했더라?' 아이와 아침에 한 약속을 떠올린 것이다. 그리고 다음 장면은 곤히 잠든 아이 옆에서 아이 볼을 쓰다듬는 아빠의 모습이 이어지며 책은 조용히 마무리 된다.

아이와 약속을 지키기 쉽지 않은 직장인 아빠들. 아이가 깨기 전에 출근해 아이가 잠든 후에 퇴근하는 아빠들도 많다. 직장인 아빠들에게 아이 아빠로서의 삶은 이렇게 제한된다. 직장에 있는 동안에 아이들을 몇 번이나 생각하는지 떠올려 본 적 있는가? 아빠 역할을 못해주는 게 안타까운 아빠들은 늘 아이들을 떠올리며 주말을 계획할 지 모른다. 하지만 그토록 바쁘고 힘들게 주간을 보내고 주말에 아이들과 맘껏 놀아주는 게 쉽지 않다.

평소 아이와 함께 하는 시간을 내기가 쉽지 않다면 업무 중에라도 잠시 시간을 내 아이와 한번씩 통화 하는 것도 아빠의 관심을 표현하는 방법이다. 영상 통화로 아이들과 잠시 대면하는 것도 좋은 방법이다. 아빠가 조금만 관심을 가지면 아이가 관심과 사랑을 받는다는 느낌을 전할 수 있다.

일 때문에 자기만의 일상에 파묻히면 아이에 대한 관심 뿐 아니라 자기 자신에 대한 관리도 되지 않는다. 일을 하는 중간에 아이를 떠올리는 시간은 아빠로서 자신의 역할을 챙겨보는 시간이기도 하다. 그런 시간도 가지지 못할 정도라고 여겨진다면 스스로의 일상에 과감히 경고장을 날려야 한다.

주말에 아이와 함께 《아빠는 회사에서 내 생각해?》를 같이 읽어보는 건 어떨까? 아빠의 일상을 아이와 공유하는 시간도 가질 수 있을 것이다.

아빠는 왜 책 안 읽어?
책에 관심 없는 아빠

우리는 사물을 있는 그대로가 아닌 우리의 생각대로 바라본다.

– 아나이스 닌

🐾 책 안 읽는 아빠 되기를 포기하라

우리나라 국민들은 책을 거의 읽지 않는다. 책을 안 읽는다는 것은 급변하는 세상에서 배우기를 포기하며 살고 있다고 해도 지나친 말은 아닐 것이다.

이처럼 책을 읽지 않고 배우기를 멈춘 사람들이 육아에 대해 관심을 가지기 힘든 건 당연한 현상이다. 육아서가 눈에 들어올 리 만무하다. 세상은 책을 읽고 생각하는 사람과 책도 안 읽고 생각도 안 하는 사람으로 나뉜다고 생각한다.

그만큼 독서가 개인의 인생에 미치는 영향력은 지대하기 때문이다. 단순히 지식을 더 얻느냐의 문제가 아니다. 오랜 기간 독서를 한 사람들은 의식수준 자체가 달라지고 차별화 된다. 생각의 차원이 달라지는 것이다. 책을 통해 삶의 지혜를 얻고, 미처 경험하지 못한 깨달음을 반복해서 얻는 사람들은 생각의 깊이와 수준이 다를 수 밖에 없다.

김병완 작가의 《평생독서》에는 송태종의 책 읽기 습관에 대한 이야기가 소개 되어 있다. 국정에 바쁜 황제가 식사와 잠을 잊고 책 읽기에 너무 몰두하자 신하들이 난리가 났다고 한다. 그래서 신하들이 제발 좀 쉬어가면서 책을 읽으라고 간청하자 다음과 같이 말했다고 한다.

"책을 펼치기만 해도 유익하다. 그렇기 때문에 나는 멈출 수가 없다. 조금도 피곤하지 않다!"

개권유익(開卷有益), 즉 책을 펼쳐서 읽기만 해도 그 나름대로 큰 유익함이 있다는 뜻이다. 그래서 책을 읽는 독서가들은 책 읽기를 멈출 수 없는 것이다. 책 읽기를 멈춘다는 것은 스스로 유익한 일을 포기한다는 의미와 같기 때문이다.

육아를 배우고 관심을 가져야 하는 아빠들이 한 달에 한 권도 읽지 않는 대한민국 국민들의 평균 독서량을 고수하면 안 된다. 그것은 곧 내게 유익한 일을 하지 않겠다는 것이고, 내 아이의 미래를 포기하겠다는 것과 같다. 그러니 대한민국 직장인 아빠들은 이제 책 안 읽는 아빠라는 오명을 벗고 틈틈이 책을 들어야 한다.

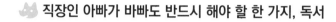 직장인 아빠가 바빠도 반드시 해야 할 한 가지, 독서

우리의 인생은 자신이 어떤 생각을 하면서 사는가에 달려있다. 우리 생각에 결정적인 영향을 주는 것 단 하나를 고르라고 한다면 단연 '독서'를 꼽고 싶다.

우리는 환경에 영향을 많이 받는다. 자신이 만나는 사람들이 긍정적이고 유쾌하다면 우리도 그렇게 된다. 우리가 만나는 사람들이 부정적인 경향이 있다면 우리도 그럴 가능성이 높다. 행동과 생각 모두 환경에 영향을 받게 된다.

대부분의 책들이 담고 있는 것들이 사람들을 고양시키기 위한 것들이다. 읽는 독자를 성장시키고 위해 만들어진 것들이다. 위대한 인물들이 쓴 책은 평범한 사람들이 위대해 질 수 있는 길을 알려준다. 그들이 말한 것처럼 살고 싶은 욕망을 일으키고 자극을 준다.

이처럼 책을 가까이 하는 사람들은 자신의 인생에 대해 깊이 사유하고 올바른 삶을 사는 길을 모색한다. 그래서 어떻게 살아야 할까 고민이 될 때는 가장 가까이 있는 책을 들고 읽기만 하면 된다. 책을 읽는 사람과 읽지 않는 사람의 인생은 일상의 작은 습관에서 간격이 벌어지기 시작한다.

책을 읽는다고 해서 모두 성공적인 삶을 사는 건 아니지만 성공한 사람들의 대부분은 책을 읽는 사람들이다. 즉 책을 읽지 않고 인생을 풍요롭게 하고 성공적으로 살기는 힘들다는 얘기다.

아이를 키우는 부모라면 반드시 육아에 대한 공부를 해야 하고 육아 공부를 가장 손쉽게 하는 방법은 육아서를 읽는 것이다. 평소 책을 가까이 하지 않으면 아무리 좋은 육아서가 손안에 들어온다 해도 읽지 않게 된다. 책을 읽는 부모만이 육아서를 찾아 읽고 육아를 배운다. 육아서를 읽지 않는다는 것은 곧 육아를 포기하겠다고 결심한 것과 같다.

육아가 일상인 부모에게는 책을 읽지 않는 것이 얼마나 치명적인지는 책을 읽고 스스로 반성해보기 전까지는 알아채지 못한다. 평생 책을 읽지 않는다면 평생 모르고 살게 된다.

내 아이는 내가 책을 읽지 않고도 훌륭하게 잘 키웠다고 하는 부모가 있다면 그가 놓친 게 하나 있다. 책을 읽고 아이 양육에 힘을 썼다면 아이가 지금보다는 훨씬 더 성공한 아이로 자랐을 거라는 것이다. 부모가 찾아 주지 못한 아이의 가능성은 부모도 상상하지 못한 무한한 능력일 수 있다. 그것을 모르고 묻어버렸다면 부모는 아이 인생에 큰 잘못을 저지른 셈이다.

🐾 처음에는 무작정 읽어대라

"우리는 처음부터 너무 빨리, 너무 많이, 너무 잘 읽으려고 한다. 한마니로 욕심이 자신의 녹서능력을 앞선다는 것이다. 처음부터 독서 천재처럼 독서를 제대로 하겠다고 덤비는 것은 무모한 일이다"

– 김병완, 《평생독서》, P. 22

책을 좀 읽는다는 사람들도 책 읽는 방법을 완전히 터득했다고 할 수 없다. 책을 읽는 방법은 다양하다. 속독으로 빨리 읽어내는 방법이 있고, 천천히 단어 하나 문장 하나 음미하면서 읽는 방법도 있다. 속독과 숙독을 두고 어느 쪽이 책을 제대로 읽는 방법이라고 말하기 힘들다. 책에 따라 개인의 성향에 따라 다른 방법이 있을 뿐이다.

3년 간 만 권 독서를 했던 김병완 작가. 그는 책을 처음 읽기 시작하는 사람들에게 처음부터 제대로 된 독서를 하겠다고 덤비지 말라고 그의 저서《평생독서》에서 말하고 있다. 독서법을 따져가며 책을 읽는 것은 걷지도 못하는 아기가 뛰려고 하는 것과 같다고 말한다. 처음에는 걷는 연습이 중요하듯이 처음 독서를 시작하는 이들은 그냥 무턱대고 읽기부터 하면 되는 것이다.

우리는 독서에 대해 배운 적도 없고 학교 교육에서도 독서법에 대해 다루지 않는다. 오랜 기간 학창 시절을 보내지만 독서와는 담을 쌓고 살았다고 할 수 있다. 그러니 독서에 대한 경험들이 부족할 수밖에 없다. 독서가 전혀 익숙하지 않은 것이다.

일단 무작정 독서를 시작하고 독서 기술에 대해서는 서서히 익히면 된다. 일단 책과 친해져야만 독서법 역시 중요해진다. 독서가 더디더라도 독서법에 집착하기 보다는 책을 읽는 시간을 차츰 늘려 책에 친숙해지는 것이 중요하다.

이를 위해 책은 자기 수준에 맞게 고르는 것이 중요하며 괜히 과욕을 부려 책에 대한 흥미를 떨어뜨리는 일은 하지 않는 것이 좋다.

책과 친해지고 나면 저절로 책에 대한 관심이 높아지면서 독서법에 대해 배우게 되고 자신에게 맞는 독서법도 스스로의 독서 경험을 통해 발견하게 된다.

독서법과 독서기술을 일반인들에게 전파하고 있는 김병완 작가는 독서 단계가 초보 단계를 넘어서 중급이 되고 나면 그 때부터 제대로 된 독서법과 독서기술을 배우라고 말한다. 그리고 중급 단계를 마치게 되면 고급 단계의 독서법을 해보라고 권하고 있다.

독서법은 자신의 수준에 따라 방법이 달라진다. 아마도 책을 읽어 낸 시간에 비례해 자연스럽게 책 읽는 속도도 붙기 마련이다. 어느 정도 독서 수준에 오르면 책을 더 빨리 효율적으로 읽는 방법에 대해 자연스럽게 관심을 가지게 되어 있다. 무엇보다 중요한 것은 독서가 취미가 될 정도로 오래 책을 읽어야 한다는 것이다. 책과 절친이 될 때까지 책과 함께 하는 시간을 늘려가는 것이 무엇보다 중요하다.

지치면 진다
스트레스 관리하나요?

휴식은 대나무의 마디와 같은 것이다. 마디가 있어야 대나무가 성장하듯 사람도 기업도 쉬어야 강하고 곧게 성장할 수 있다.

– 혼다창업자 쇼이치로

🐾 지치면 진다. 미치면 이긴다.

예전에 인터넷 기사를 통해 가수 싸이의 인터뷰 내용을 본 적 있다. 다른 건 기억이 나지 않는데 늘 떠올리는 싸이의 한마디가 이것이다.

'지치면 진다. 미치면 이긴다'

직장인인 내게 무척 깊은 인상을 준 말이다. 왜냐하면 나는 지쳐가고 있었기 때문이다. 직장인들 대부분이 직급이 올라갈수록 과도한 업무에 시달리기 마련이다. 그런 일상이 반복되면 대부분 지쳐가기 마련이고 건강검진을 받으면 대부분 지방간 판정을 받는다.

게다가 업무에 대한 스트레스를 술로 푸는 경우가 다반사다. 날로 간의 상태를 악화시킨다. 자연 연말 건강검진 결과가 두렵다. 초음파 검사는 차라리 피하고 싶을 지경이다.

대부분 직장인 남성들의 모습이다. 우리 직장인 아빠들이 이렇게 지쳐간다. 지친 상태에서 하는 업무가 능률이 오를 리가 없다. 상식적으로 생각해도 그렇다. 그런데도 매일 파이팅 하자고 외치며 회사 문을 들어선다. '지치면 진다. 미치면 이긴다' 이런 구호에 자극 받고 변화를 꿈꾸며 말이다.

건강을 잃으며 하는 일이 제대로 될 리 없다. 건강이 뒷받침 되지 않은 일이 좋은 결과로 연결될 리 만무하다. 직장에서의 역할에 문제가 생기는 것과 같이 가정에서도 문제가 발생할 수 밖에 없다. 지친 표정으로 회사를 나서서 웃는 얼굴로 귀가하긴 힘들다.

직장인들을 운동선수에 비유해 보자. 경기를 시작하기도 전에 이미 지쳐 버린 선수는 경기에서 진 것이나 마찬가지다.

패색이 짙었던 경기를 뒤집은 경우가 있긴 있었다. 4전 5기의 신화를 가진 홍수환 선수. 그는 세 번이나 다운을 당하고도 상대 선수를 KO로 이겼다. 이런 경기를 두고 평범한 우리들은 '신화'라고 부른다. 흔히 있는 행운이 아니라는 얘기다.

지쳐 쓰러져 가는 직장인이 일상의 모든 일에서 성공하기란 쉽지 않다. 그걸 바라는 건 홍수환 선수 같은 신화를 만들겠다는 것과 같다. 신화를 꿈꾸며 하루하루를 견뎌내는 것과 같다. 지쳐가는 직장인들, 이제 업무에 대한 스트레스와 동반 성장을 꿈꾸지 말고 이를 극복하기 위한 일에 미쳐보자. 일에 지치면 진다. 대신 이를 극복하기 위한 일에 미치면 이긴다는 사실을 꼭 기억하자.

🐱 가장 좋은 스트레스 해소법, 운동

아주 오래 전 영화인 박중훈이 TV인터뷰에서 운동에 대해 한 마디 한 적 있다. '운동은 시간 날 때 하는 게 아니라 시간 내서 하는 것'이라고 한 말이다. 운동이 필요한 지인들에게 마치 내 말인 양 자주 인용한다.

흔히들 건강을 잃으면 모든 것을 잃는다고 한다. 그런데 대부분의 사람들은 가장 나중에 챙겨보는 게 건강이다. 그러니 건강에 적신호가 오고 나서야 뒤늦게 건강의 중요성을 깨닫고 후회한다. 그래서 자주 건네는 말이 시간 내서 건강 챙기시라고, 건강을 잃으면 부와 명예 모두 다 소용없다는 말이다. 그런데 소 귀에 경읽기다. 고개만 끄덕이고 만다. 실제 직장인들 중에 건강을 위해 시간이나 금전 투자를 하는 경우가 드물다.

얼마 전 '30~40대 건강관리 '빨간불'… '금연·절주·걷기' 실천부족' 이란 제목의 기사가 난 적 있다. 질병관리본부가 2014년 지역사회건강조사 결과를 분석한 기사였는데, 건강은 젊을 때 지켜야 하는 것이 '진리'이지만 우리나라 30~40대는 건강생활 실천 노력을 가장 게을리 하는 연령대로 조사됐다는 내용이었다. 지금 얘기하고 있는 바로 우리 아빠들 연령대다.

기사 내용은 금연, 저 위험 음주, 걷기 실천 등 3가지 척도를 실천하고 있는지를 기준으로 파악한 조사에 대한 내용이었다. 3가지 척도를 모두 실천한 비율은 조사대상 22만8천721명 중에서 30대가 23.8%로 가장 낮았으며 25.0%가 40대이었다고 한다.

금연, 절주, 걷기는 건강 관리의 상식과도 같은 것인데도 불구하고 3,40대 대부분의 사람들이 실천하지 않고 있다는 얘기다. 건강의 소중함에 대해서는 아무리 강조해도 지나치지 않는다. 그것을 알면서도 우리들 대부분은 심각하게 받아들이지 않는 것이다. 그러다 대부분의 경우 건강을 잃고 나서야 깨닫게 되니 안타까운 일이다.

과로와 수면 부족으로 실신한 경험이 있었던 허밍턴 포스트 미디어 그룹의 회장 아리아나 허핑턴. 그녀는 그 사건을 계기로 '이런 삶이 정말 성공이란 것일까? 내가 원하는 삶이 정말 이런 것일까?'란 의문을 갖게 된다. 그리고 진정으로 바람직한 삶을 살기 위해서는 웰빙, 지혜, 경이로움, 베풂이라는 네 개의 기둥으로 이루어진 제3의 기준이 필요함을 깨닫는다. 그 중 첫 번째로 건강의 소중함에 대해 얘기하고 있다. 바로 그녀의 저서 《제3의 성공》에 나오는 얘기다.

운동은 스트레스뿐 아니라 트라우마를 극복할 때도 도움이 된다. 김준기의 《영화로 만나는 치유의 심리학》에 이런 얘기가 나온다.

사실 규칙적인 달리기, 등산, 산책, 요가, 스트레칭 등은 트라우마의 괴로움을 이겨내는 데 매우 효과적인 자가 치유책입니다. 항우

울제나 항불안제보다도 땀을 흘릴 수 있는 운동이나 산책이 마음의 안정을 찾는 데 더 효과적일 때가 많습니다. 달리는 행동 그 자체에 집중함으로써 부정적인 잡념으로부터 벗어날 수 있기 때문이기도 하고, 운동을 통해서 몸이 에너지를 발산하고 활성화됨으로써 마음도 따라서 튼튼해지고 편안해지는 것입니다.   - P. 241

보통 건강한 육체에 건전한 정신이 깃든다고 한다. 몸이 건강해지면 마음도 따라서 건강해진다. 이렇게 보면 운동이 마치 만병통치약인 것처럼 느껴진다. 그만큼 운동이 우리 몸과 마음에 미치는 긍정적인 영향력이 막대하다는 얘기다.

건강에 관심 있는 독자라면 꼭 읽어봐야 할 책이 있다. 바로 KBS 스포츠취재 제작팀이 만든 《웰니스, 뇌를 바꾸는 운동 혁명》이란 책이다. 이 책에서도 운동이 스트레스를 극복하는데 결정적인 역할을 한다는 것을 과학적인 근거로 설명하고 있다. 운동은 스트레스 백신이라고 까지 표현했다. 운동만큼 손쉽게 스트레스를 해소하는 방법도 없다는 사실을 생생하게 보여 주는 책이다.

몸의 한계가 곧 인생의 한계

우리는 몸이 허락하는 만큼만 살아갈 수 있다. 몸의 수명이 곧 우리의 수명이다. 몸이 생생하게 살아있는 만큼 우리 삶도 생생하다. 아무리 정신이 또렷해도 노화나 병마로 인해 몸에 부여된 생명력이 끝이 나면 나라는 존재는 이 세상에서 사라진다. 몸과 나는 존재를 같이 하는 것이다. 한근태의 《몸이 먼저다》에서 공감 가는 말을 만났다.

> 몸만이 현재다. 생각은 과거와 미래를 왔다 갔다 한다. 하지만 몸은 늘 현재에 머문다. 현재의 몸만큼 중요한 것은 없다. 그렇기 때문에 몸은 늘 모든 것에 우선한다. 몸이 곧 당신이다. 몸을 돌보는 것은 자신을 위한 일인 동시에 남을 위한 일이다. 그런 면에서 몸을 관리하지 않고 방치하는 것은 무책임한 일이다. 직무유기다. 몸을 돌보지 않으면 가장 먼저 자신이 피해를 입는다. 이어 주변에 민폐를 끼친다. 몸을 돌보면 몸도 당신을 돌본다. 하지만 몸을 돌보지 않으면 몸이 반란을 일으킨다. 나는 그게 제일 두렵다.   – P. 27

귀에 못이 박히도록 들었던 건강을 잃으면 모든 것을 잃는다는 말은 진리다. 자기계발을 할 때 가장 우선 해야 하는 것이 건강관리라고 할 수 있다. 건강을 제대로 관리하지 못하면서 자기 관리 한다고 말하면 안 된다. 똑같은 일을 두 사람이 하더라도 더 건강한 사람이 더 좋은 성과를 낸다.

TV드라마로도 제작되었던 윤태호의 작품 《미생》. 이 작품에서도 체력의 중요함을 역설하는 장면이 나온다. 한 마디 한 마디가 모두 공감이 가는 말이다.

> '게으름, 나태, 권태, 짜증, 우울, 분노, 모두 체력이 버티지 못해, 정신이 몸의 지배를 받아 나타나는 증상이야.'

> '체력이 약하면 빨리 편안함을 찾게 마련이고 그러다 보면 인내심

이 떨어지고 그 피로감을 견디지 못하게 되면 승부 따윈 상관없는 지경에 이르지.'

'이기고 싶다면 충분한 고민을 버텨줄 몸을 먼저 만들어'

"'정신력'은 '체력'이란 외피의 보호 없이는 구호 밖에 안 돼'

체력이 안 되면 정신력도 발휘하지 못한다. 그리고 체력이 약하면 승부에서 그냥 지고 마는 게 아니라 아예 승부 따위에 관심조차 가지지 못하는 지경에 이른다는 말이 머리에 쏙쏙 박힌다. 건강과 체력의 뒷받침 없이 어떤 분야에서 성공하겠다는 것은 파도가 밀려오는 백사장에서 모래성을 쌓아 올리고 있는 것과 같은 것이다.

직장인들은 대부분 만성 피로에 시달린다. 대부분이 정도의 차이는 있지만 지방간이다. 간이 힘들다는 얘기다. 늘 피로감에 젖어 산다. 생활에 활력이 떨어진다. 일에 대한 의욕도 떨어진다. 기력이 없으니 사고하는 힘도 약해진다. 어쩌면 지방간이 아닌 게 이상할 정도다.

생각의 폭이 좁아지면 삶의 폭도 당연히 좁아질 수 밖에 없다. 더 나은 삶에 대한 의욕도 떨어진다. 이런 상태로 직장인 아빠에게 좋은 아빠 역할까지 요구하는 건 무리다. 실제 직장일로 힘든 가장들의 스트레스 상태는 가정으로까지 이어지기 마련이다. 현재를 버티기도 힘든데 다른 생각 다른 행동을 기대하는 것은 불가능할 수 밖에 없다.

그러니 회사와 가정 생활에 활력을 불러오기 위해 건강관리에 꼭 힘써야 한다. 여태 건강관리에 게을렀다면 반드시 몸부터 살피자.

감기 몸살에 걸렸을 때를 떠올려보자. 그리고 술 마신 다음 날 숙취로 고생할 때를 상기해 보자. 몸이 힘들면 의욕 또한 사라지지 않던가? 몸이 힘들어지면 그나마 있던 의욕마저 사라지고 만다. 의욕이 없는 사람이 만면에 웃음을 띠고 삶에 적극적이기를 바라는 것은 무리다. 하지만 술이 깨고 몸이 회복되면 상황이 바뀐다. 잃었던 의욕도 차츰 돌아온다. 몸 상태에 따라 천국과 지옥을 오가는 기분을 느낄 때도 있다.

소설가 김형경은 그녀의 첫 번째 심리 에세이 《사람풍경》에서 건강에 대한 이야기를 다루고 있다.

> 예전에는 항상 마음의 향방에 유의하고 감정의 진폭을 다스리려 애썼다. 그러나 이제는 몸의 상태에 더 귀를 기울이고 몸의 건강을 조절하려 애쓴다. 몸을 건강하게 관리하는 것이 마음의 평화를 얻는 길이고, 일의 능률을 높이는 방법이고, 인간관계를 원만하게 하는 법이라는 것을 알았다.
> – P. 252

건강은 건강할 때 지키라고 했다. 한 살이라도 젊을 때 건강관리를 시작하면 나이 들어 덜 고생한다고 한다. 몸이 재산이란 말을 나이기 들거나 건강을 잃고 나면 실감하게 된다. 그러니 체육관 등록만하고 하루 이틀 가다 포기하던 패턴을 과감히 탈출하자. 바로 지금부터 건강 관리를 하겠다는 생각으로 몸을 관리하기 바란다. 몸이 인생의 전부라고 생각하고 말이다.

건강한 아빠가 건강한 아이들을 만든다. 활력이 넘치는 아빠가 아이들을 활력 있게 키운다. 밝고 긍정적인 아빠가 아이들을 똑같이 성장시킨다. 이 모든 것은 건강이 줄 수 있는 선물이다. 나의 건강이 가족의 미래란 사실을 직장인 아빠들은 잊지 말고 기억해야만 한다. 이제 직장인은 당연히 만성피로에 시달린다는 고정관념을 깨자. 남들이 그렇더라도 나는 그러지 말자고 결심하자. 과감히 생각의 틀과 일상의 틀을 깨고 새로 태어나자.

❺
만점 아빠의 필수능력,
공감능력

다른 사람들이 자기 자신보다 훌륭하다고 생각하며 대한다면 모두와 잘

지낼 수 있다.

— 톨스토이

🐱 역지사지에 능한 아빠가 돼야 한다

어느 휴일 아침 식사를 하고 난 직후였다. 큰 아이가 우유를 부어 마시는 걸 보고 아빠도 한잔 달라고 했다. 냉장고에 우유통을 집어 넣으려던 아이가 그걸 다시 꺼내 다른 잔에 붓다가 실수로 우유통을 놓치고 말았다. 우유통이 퍽 하는 소리와 함께 바닥에 떨어지며 우유가 사방으로 튀었다. 순간 아이는 깜짝 놀라 표정이 급변했고, 시선은 한 사람에게 꽂혔다. 누구였을까?

잔뜩 겁 먹은 아이가 제일 먼저 바라본 대상은 다름 아닌 엄마의 얼굴이었다. 엄마에게 야단 맞을 거라는 걸 직감했기 때문이다. 그 순간 나 역시 직감적으로 아이의 표정을 먼저 살폈다. 이런 일이 일어나고 난 후의 다음 상황을 자연스럽게 예상할 수 있었기 때문이다.

아이들, 특히 사내 아이들은 장난이 심하고 짓궂을 때가 많다. 평소 아이들 심한 장난에 민감해진 아내가 아이들이 장난을 치다 실수를 하면 큰소리로 화를 내며 혼을 내는 경우가 많다. 이러니 아이들이 뭐든 실수를 하고 나면 엄마를 겁낸다. 그리고 눈치를 살피는 것이다.

우유를 엎지른 그 순간에도 아이는 엎지른 우유를 바라보는 게 아니라 바로 엄마 눈치를 살폈다. 잔뜩 겁을 먹어 얼어버린 표정으로 말이다. 그때 얼른 내가 상황 정리를 했다.

'미안해 아들, 아빠가 괜히 우유 달라고 했다가 우유를 엎질러버렸네. 아빠 잘못이야. 네 탓이 아냐'

그리고 내가 먼저 나서서 우유를 닦기 시작하니 아내가 아무 말도 하지 못했다. 아이 잘못이 아니라 부탁을 한 내 잘못이란 사실을 부각시켰기 때문이다.

사실 아이들이 엄마가 화를 내도 별로 눈치 보지 않는다면 내가 일부러 상황을 바꾸려고 노력하지 않았을 수도 있다. 엄마가 아이의 실수에 관대한 편이었다고 해도 마찬가지였을 것이다. 아이가 의도치 않게 실수를 했는데도 불구하고 자기 잘못이라고 여기며 엄마 눈치를 살피는 모습이 너무 안쓰러웠기 때문에 조금 과장해서 아이 편을 들고 나선 것이었다.

대부분의 부모들, 아니 대부분의 사람들이 그렇다. 자신의 실수에 대해서는 관대하다. 하지만 아이들이나 타인의 실수에는 너무 과한 반응을 할 때가 많다. 아이들이 어른들과 똑같이 모든 일에 주의를 기울일 수 있다고 오해하면 안 된다. 의도치 않은 실수에 대해서는 특히 아이들의 실수에 대해서는 관대해질 필요가 있다. 부모인 나 역시도 그런 실수를 언제든 할 수 있다고 생각하면 이해가 편하다.

내가 항상 아이 감정을 공감해주는 아빠는 아니라고 생각한다. 대신 아이들의 감정과 생각을 이해해주려고 노력하는 편이다. 특히 여리고 여린 아이들이 감정적으로 상처 입지 않게 하기 위해 노력한다. 내가 쉽게 상처 받는 유형이라 그럴 수도 있겠다. 공감이란 것은 타인이 느끼는 감정을 똑같이 느끼진 못하더라도 그 느낌을 내 것처럼 공유할 수 있어야만 가능하다. 나처럼 상처를 쉽게 받는 유형의 부모라면 여린 아이들의 심정을 더 잘 공감할 수 있으리라 생각한다.

> (나의 부하) 예순베이는 참으로 훌륭한 용사다. 아무리 싸워도 지치지 않고, 피곤할 줄 모른다. 그래서 그는 모든 아랫사람들이 자기 같은 줄 안다. 자기만큼 하지 못하면 버럭 화를 낸다. 그런 사람은 절대 지휘관이 될 수 없다. 군대를 통솔하려면 병사들과 똑같이 갈증을 느끼고 똑같이 허기를 느끼며 똑같이 피곤해야 한다.
>
> – 김종래, 《칭기스칸의 리더십 혁명》, P. 34

칭기스칸이 남긴 말이다. 나는 그가 한 말에서 '지휘관'이라는 말에 '아빠'라는 말을 넣어 아빠의 역할에 대해 생각해 봤으면 한다. 육아를 하려면 아이들과 똑같이 느낄 수 있어야 한다고 말이다.

그런 면에서 감수성이 예민한 아빠들이 아이 마음을 더 잘 공감해주리라 생각한다. 아이 표정의 변화만으로도 아이 기분을 이해할 수 있을 만큼 예리한 관찰력도 필요하다고 느낀다. 아빠가 아이의 기분을 잘 이해해주면 아이가 아빠에게 쉽게 마음의 문을 연다. 반대로 아빠가 아이 기분도 몰라주고 아빠 식으로 모든 걸 아이에게 강요하면 서서히 마음의 문을 닫게 만든다.

그래서 아빠는 아이가 감정적으로 힘들어하는 순간을 예리하게 포착하고 그 마음을 이해할 수 있어야 한다. 역지사지는 좋은 인간관계 유지를 위해 필요할 뿐 아니라 좋은 아빠가 되기 위한 기본 자세이기도 하다. 집에서 잘하는 아빠가 사회생활도 잘한다. 그래서 가화만사성이라고 하는 것이다.

😺 아이 감정을 어루만지는 감정 코칭

공감능력이 조금 모자라도 이를 보완하는 방법이 있다. 바로 감정 코칭 스킬을 배우는 것이다. 뒤에서 다시 언급하겠지만 감정 코칭의 힘을 나는 실제 체험한 적 있다. 그 강력한 힘에 나 자신도 놀랐다. 코칭이라고 해서 전문영역일거라 생각할 필요 없다. 단지 아이들 감정을 이해해주는 몇 마디 말이면 충분하다.

존 가트맨 최성애 박사의 《내 아이를 위한 감정 코칭》은 내가 아이들과 대화하는 방식에 변화를 가져다 준 책이다. 육아서를 읽고 나면 반드시 실행으로 옮기고 그 결과를 체험할 수 있어야 한다는 신념을 갖게 해준 책이다. 구체적인 나의 경험은 뒤에서 자세히 다루

기로 하고 여기서는 감정코칭을 위한 대화법 몇 가지만 언급하고자
한다. 잘만 사용하면 아이의 문을 여는 마법과 같은 말이 된다.

아빠 엄마의 말 한마디에 아이들은 울고 웃는다. 대부분의 경우
아이를 힘들게 하는 주 원인이 아빠 엄마의 말과 태도라고 할 수 있
다. 아이에게 무의식적으로 건네는 말만 잘 통제해도 아이의 용기와
기운을 북돋아 주고 사랑 받는 느낌을 전할 수 있다. 하지만 보통의
아빠 엄마들은 습관이 된 말투 때문에 아이에게 부지불식간에 상처
를 주고 자신감을 깎아 내린다. 자신들도 모르게 아이들의 기를 죽
이고 있다.

그래서 현명한 부모들은 아이들과의 대화법에도 관심을 가진다.
아이를 빛나게 하는 말, 아이에게 자신감을 심어주는 말, 아이 마음
을 헤아려 주는 말 등 다양한 말하기 습관에 대해 배우고 활용한다.

그 중 가장 강력한 힘을 발휘하는 말이 아이의 기분이나 감정을
이해해주는 말이다. 단 한마디로 아이의 기분을 풀어줄 수 있다. 이
것은 내가 경험하고 절대적으로 신뢰하는 방법이니 무조건 활용해
보기 바란다. 내가 아이들이 의기소침하거나 기분 상해할 때 먼저
건네는 말은 아이 기분을 그대로 말로 표현하는 것이다. 물론 아주
다정한 어감으로 말이다.

'너 화났구나?'

좀더 구체적이면 좋다.

'너 (   ) 때문에 화가 났구나?'

아이가 평소 같지 않은 행동을 할 때 다정한 어투로 아이를 대하기가 쉽지 않다. 그러니 다정하게 이런 말을 하기도 어렵다. 하지만 인내심을 가지고 한마디 해보자. 최대한 부드러운 표정을 지으면서 마치 네 기분을 모두 이해한다는 듯이 말이다. 아이 편이 되겠다는 태도로 말이다.

그 순간 아이 마음의 문은 열리기 시작한다. 그 다음은 자연스럽게 그런 기분을 갖게 된 원인을 대화로 찾아내고 해결해 주면 상황은 종료된다. 생각과 감정이 복잡한 어른들 보다 아이들 기분 풀어주기가 훨씬 쉽다. 조금만 인내심을 발휘하기만 하면 된다. 아이 태도가 평소와 다를 때 일단 '버럭'하는 것은 절대 금물이다

이처럼 평소 아이들의 감정을 잘 공감해주기만 해도 만점 아빠가 될 수 있다. 공감능력이 떨어진다고 생각되면 아이를 대할 때 최대한 부드러운 태도를 유지하며 아이의 마음을 이해해주는 말 한마디를 건네기만 해도 된다.

물론 감정 코칭을 하지 말아야 할 때도 있다. 감정 코칭을 만병통치약처럼 모든 상황에서 쓸 수 있는 것은 아니라는 얘기다. 존 가트맨·최성애 박사의 《내 아이를 위한 감정 코칭》에서는 감정 코칭을 하지 말아야 할 때를 상황별로 정리해 두고 있다. 자세한 사항은 책을 통해 확인하기 바란다.

일반적인 경우 조금만 관심을 가지고 아이를 바라볼 수 있다면 공

감 아빠가 되는 건 정말 식은 죽 먹기다. 평소 아이들을 잘 관찰하지 않기 때문에 여러 가지 문제가 생긴다. 아빠 엄마가 사랑과 관심이란 주제를 육아의 첫 번째 원칙으로 삼기만 하면 해결되지 못할 문제가 없다. 사랑한다고 말로만 할게 아니라 말과 행동으로 표현하는 아빠가 되도록 해보자.

chapter

05

실패하지 않는
10분 육아법

하나의 목적에 온 힘과 정신을 다해
몰두하는 사람만이 진정 탁월한 사람이다.
이런 까닭에 탁월해지는 데는
그 사람의 모든 것이 요구된다.

– 알베르트 아인슈타인

실패하지 않는
10분 육아법

퇴근하면 몸이 천근 만근인 아빠들. 그들이 숙제를 하듯 매일 뭔가를 한다는 게 사실 부담스럽게 느껴질 만하다. 퇴근 후에 식사를 마치고 나면 감기는 눈을 참아내기도 힘든 날들이 많다. 직장인들에게 퇴근 후 시간을 잘 활용하라는 자기계발서도 많지만 나의 실상과는 맞지 않다고 여겨질 때가 많다. 매일 야근에 주말까지 회사를 나가야 하는 아빠들은 어떡하란 말인가?

그럼에도 불구하고 직장인 아빠들은 직장인의 역할보다 더 중요한 것이 아빠의 역할임을 늘 상기 해야만 한다. 어쩌면 '직장인 아빠'란 용어부터 바꿔야겠다. '아빠 직장인'으로 말이다. 직장인이기 이전에 아빠임을 명심해야 한다는 의미에서 말이다.

직장인들은 실제 엄청난 에너지를 직장에서 소모하기 때문에 집에 돌아오면 탈진 상태가 된다. 때론 집에서도 일 생각에 머리가 아프고 가슴에 압박감을 느끼기도 한다. 주말엔 월요일에 있을 주간회의 준비에 대한 생각으로 주말답게 보내지 못한다. 가정에까지 회사 일을 가지고 오는 건 아빠로선 낙제점이라고 해도 왠지 마인드 컨트롤이 되지 않는다. 그럴 여유가 없는데 그럴 수 있냐고 항변할 지 모르겠다.

하지만 한 가지 분명히 알아야 할 게 있다. 우리들 대부분은 최선을 다해 살지 않는다는 사실이다. 시간을 제대로 활용하지 못하고 제대로 몰입하지도 않는다. 즉 제대로 처리하지 않는 업무들로 소중한 시간들을 엄청나게 낭비하고 있다는 얘기다.

이 세상 누구도 후회 없이 시간을 알차게 보내는 사람은 없다. 그리고 자신이 하는 일에 온전히 몰입하는 집중력을 발휘하는 사람은 드물다. 대부분의 직장인들이 그렇다. 시간 활용만 잘하고 업무에 제대로 몰입하면 자신을 위해 쓸 수 있는 시간 확보가 충분히 가능하다는 얘기다.

일단 직장에서만이라도 시간 허비를 하지 말고 자신의 업무에 몰입만 하면 집으로 업무 서류를 담은 가방을 들고 갈 일이 없다. 그리고 그래야만 한다. 일에만 얽매이는 것은 우리가 가족들과 함께 보낼 시간이나 우리에게 정말 의미 있고 중요한 일을 할 시간을 빼앗아가기 때문이다. 가족이 기다리는 가정으로 돌아왔을 땐 온전히 가족에게만 몰입해야 한다. 그렇지 않으면 행복하지 않은 일을 하느라고 행복을 희생하는 것과 같다.

① 하루 10분 아이 마음 공감하기

아이들은 자기가 경험한 대로 남에게 하게 되어 있다. 부모가 아이의 감정과 욕구를 존중하기는 커녕 일방적으로 이것저것 시키면 아이들 역시 남의 입장을 존중하지 않는다.

– 신의진, 《아이의 인생은 초등학교에 달려있다》에서

공감능력이 뛰어난 사람으로 버락오바마 대통령을 꼽는다. 그의 탁월한 공감 능력은 어릴 적 어머니 덕분에 길러진 핵심능력이다. 오바마의 어머니는 항상 이렇게 말씀하셨다고 한다.

'네가 그렇게 하면 다른 사람들의 기분이 어떨 것 같니?'

잘 알려진 이야기라 오바마 어머니의 이 말을 흉내 내본 부모들이 제법 되리라 생각한다. 나 역시 몇 번 아이에게 써 먹었던 말이다.

그런데 정작 자기 자신의 공감 능력에 대해 생각해 본 사람들은 얼마나 될까? 아이들을 대할 때 이런 생각을 해 봤는지 떠올려 보자.

'내가 이렇게 하면 아이의 기분이 어떨까?'

자기를 돌아볼 줄 아는 부모는 아이를 대할 때 이 말을 먼저 떠올렸을 것이다. 내가 하는 행동 하나 말 한마디 때문에 아이는 어떤 기분일지 말이다.

부모가 아이들 감정이나 기분을 보살피지 않으면 아이들은 마음으로부터 병이 든다. 이것은 아이들을 마치 성인 대하 듯 하는 부모의 왜곡된 육아 방식에 기인한다. 아이는 아이일 뿐이다. 대부분의 부모가 이 사실을 까맣게 잊는다. 그러니 아이의 마음이나 기분이 어떤지 이해하지도 못하고 이해해 보려고도 하지 않는다. 성인인 부모가 아이 마음을 공감하기 어려운 이유 중 하나가 이것이다.

개구리 올챙이적 기억 못하듯 우리도 자신이 아이였을 때의 기억을 떠올리는 건 불가능하다. 이것이 항상 아이의 기분을 이해하기 위해 의식적인 노력을 해야 하는 이유다.

🐱 우연히 알게 된 감정 코칭의 효과

나는 육아서를 읽은 효과를 톡톡히 본 적 있다. 《내 아이를 위한 감정 코칭》이란 책을 읽고 난 뒤였다. 우리집 아이들이 책장에서 아빠 책을 꺼내 보는 경우가 없는데 하루는 초등학생인 큰 아이가 책장에 있던 아빠 책 몇 권을 어지럽게 꺼내놓고 보고 있는 것이다. 평소 하지 않는 행동인데다 내 책을 함부로 꺼내놓은 데 대해 화가 났던 나는 '정말 제대로 읽는지 두고 볼 거야!'라고 아이에게 소리를 지르고 말았다.

아이가 심술을 부리고 있는 걸 알고 나 역시 심술을 부린 셈이다. 내가 아끼는 책들을 가지고 그랬으니 더욱 화가 났다(가끔 아내가 아이보다 책이 중요하냐고 묻는다). 아이가 왜 그런 행동을 하는지에 대한 숙고 없이 기분에 따라 반사적으로 반응을 한 것이다.

그 순간 당시에 읽었던 《내 아이를 위한 감정 코칭》이란 책이 떠오른 건 정말 행운이었다. 그 책 내용을 상기하면서 지금 말도 안하고 씩씩거리고 있는 아이 마음을 알아줘야겠다는 생각을 문득 하게 된 것이다. 조금 전 엄마에게 야단 맞은 게 억울했던 게 아닌가 하는 추측도 한 몫 했다. 아이에게 넌지시 말을 던져봤다.

'엄마 때문에 속상했구나?'

사실 이 한마디 때문에 아이를 대하는 나의 태도는 그 때부터 완전히 달라졌다. 나도 깜짝 놀란 마법과 같은 한마디였다. 이유는 다름 아닌 그 말에 즉시 반응한 아이의 태도 때문이었다.

난 그냥 책에서 배운 대로 아이 감정을 알아주겠단 의도로 한마디 했을 뿐이다. 그런데 아이 반응이 놀라웠다. 잔뜩 인상을 구기고 있던 아이 표정이 돌변하며 느닷없이 울음을 터뜨린 것이다. 내 추측대로 엄마에게 야단 맞은 것이 원인이었고 그게 억울했던 것이다. 억울한 기분을 아무도 알아주지 않으니 잔뜩 심술이 난 것이었다.

자연스럽게 우는 아이 모습을 보고 내 마음도 순식간에 녹아 내렸다. 아이가 서러워 우는 모습에 그렇지 않을 부모가 어디 있을까?

아직 어린 나이다 보니 엄마 꾸중에 대꾸는 못하고 그걸 아빠 책을 어지럽히며 자신의 기분을 표현하고 있었던 것이다. 겉으로만 보고 아이를 판단했다면 아이를 도리어 다그칠 뻔 했으니 나도 큰 실수를 할 뻔 했던 것이다. 그렇게 울고 난 아이는 금세 기분을 풀었다.

아이 마음이 풀어질 때까지 내가 했던 건 '엄마 때문에 속상했구나?' 그 한마디와 우는 아이를 안아준 것뿐이었다. 아이 마음을 알아주는 것이 얼마나 중요한지 깨닫는 순간이었고 감정 코칭의 위력에 대해 100% 신뢰하게 된 경험이었다. 아이가 심술을 부릴 때 나도 화가 나서 아이를 더 몰아붙였다면 어떻게 됐을까? 생각만 해도 아찔하다. 아이가 받았을 마음의 상처를 생각해보면 말이다.

무슨 일이 생길 때마다 아이들 마음을 먼저 살피기 시작한 건 그때부터였던 것 같다. 내가 하는 한마디, 행동 하나가 아이에게 어떤 영향을 미칠지 생각하기 시작한 것이다. 그리고 아내가 아이들을 야단칠 때에도 아이들 표정을 먼저 살폈다. 아이들 표정의 변화를 살피며 그때 기분을 알아내려고 노력했다. 덕분에 아내에게는 잔소리꾼이 됐다. 중이 자기 머리 못 깎는다고 내가 내 잘못을 발견해내기보다 오히려 눈에 훤히 보이는 아내의 말과 행동에 더 주목했기 때문이다.

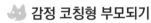 감정 코칭형 부모되기

《내 아이를 위한 감정 코칭》에는 두 가지 유형의 부모를 설명하고 있다. 바로 감정 묵살형 부모와 감정 코칭형 부모다. 아이들의 감정 표현이 모두 긍정적일 수만은 없다. 상황에 따라 부정적인 감정을 보일 때가 종종 있다. 그 부정적인 감정에 대처하는 태도에 따라 감정 묵살형 부모와 감정 코칭형 부모로 구분된다.

감정묵살형 부모는 부정적인 감정들을 독극물이라도 되는 것처럼 생각한다고 한다. 아이가 그저 명랑하고 행복하기를 원하는 것이다. 이런 부모들은 아이의 부정적인 감정을 참아내지 못한다. 아이가 잘못된 행동을 하지 않았는데도 그저 화를 냈다는 이유만으로 아이에게 벌을 주기도 한다. 부정적인 행동이나 말을 아예 용납하지 않는 것이다.

하지만 감정 코칭형 부모는 자신이나 자녀들이 겪는 소소한 감정들을 잘 알아차리며, 감정이 격해지지 않아도 쉽게 알아차린다고 한다. 감정 코칭형 부모들은 아이의 부정적인 감정도 정상적인 감정의 한 부분으로 본다. 아이가 느끼는 감정이 무엇인지 모든 감정에 대해 이야기하고, 어떤 감정인지 아이 스스로 알 수 있도록 돕는다고 한다.

요컨대 아이가 부정적인 감정을 보일 때 이를 묵살하느냐 그 감정을 알아주느냐의 차이라고 할 수 있다. 그런데 부모가 어떤 태도를 보이느냐에 따라 아이의 행동에 크게 영향을 미친다. 부모가 아이의 감정을 이야기하며 공감한다는 것은 아이에게 특별한 위로가 되고, 벼랑 끝에 내몰린다고 느낄 때 조차도 편안함을 느끼게 해준다는 것이다. 공감의 언어를 통해서 아이는 감정을 통제 받기보다는 감정이 있는 존재로서 자신을 바라보게 된다고 한다.

감정 코칭을 배우지 않은 대부분의 부모들이 감정 묵살형의 태도를 보일 때가 많다. 아이가 심술을 부리거나 짜증낼 때 아이 마음을 들여다보기 보다는 윽박지르고 야단을 친다. 일단 아이 감정을 힘으로 제압하려고 든다. 아이를 복종시키는 가장 손쉽고 효과적인 방법이기 때문이다.

감정 코칭을 잘하기 위해서는 어떤 노력을 해야 필요할까?《내 아이를 위한 감정 코칭》에서는 5가지를 얘기하고 있다.

첫 번째는 아이의 소소한 감정들을 인식하는 것이다.

두 번째는 아이의 감정적인 표현들을 친밀감과 감정 코칭을 위한 기회로 보는 것이다.

세 번째는 이해심을 가지고 귀 기울이며 아이의 감정을 이해한다는 점을 전달하는 것이다.

네 번째는 아이가 감정을 말로 표현하도록 돕는 것이다.

다섯 번째 화가 나는 상황에서 아이가 문제를 적절한 방식으로 해결할 수 있게 도와주는 것이다.

이를 위해 평소 아이들 감정의 변화에 주목하는 태도가 필수라고 할 수 있다. 내 아이가 평소와 다른 행동을 하고 있을 때를 즉시 간파해 낼 수 있어야 한다. 아이의 말이나 행동에 무관심한 태도로는 절대 불가능한 일이다. 평소 아이들을 대하는 태도가 무관심 일변도였다면 적어도 오늘 하루 10분만은 아이 감정에 관심을 가지겠다는 결심과 노력을 해보자. 최소한의 관심조차 가지지 못하면 아이 감정에 대해 공감해줄 기회는 없다.

그리고 아이들의 감정의 변화를 감지했을 때는 적극적으로 친밀감을 보이고 감정을 이해해줄 수 있어야 한다. 우리 집 아이가 아빠의 한 마디에 울음을 터뜨린 것처럼 아이는 아빠의 작은 관심에 순식간에 마음을 연다. 그 순간을 체험하는 것은 아이와 마음으로 통하는 마법의 순간으로 들어서는 것이다. 아이의 마음을 아빠에게 활짝 열게 만드는 순간인 것이다. 그 한번의 체험으로 아이는 아빠에게 사랑받는다는 느낌을 갖게 되고 정서적으로 안정되는 계기가 된다.

🐱 아이의 마음을 여는 방법

아카데미 상을 받은 배우 워런비티가 이런 말을 했다.

"사람들은 당신이 한 말은 금방 잊어버리지만, 당신이 그들에게 준 느낌은 항상 기억할 것이다."

대화를 해보면 안다. 상대가 나에게 보이는 태도만으로 그들이 나를 존중해주는지 그렇지 않은지를 말이다. 아무리 미사여구를 써가며 현란한 말솜씨를 발휘하더라도 나를 존중해주지 않는 사람의 말을 귀담아 듣는 사람은 없다. 말 잘하는 사람은 많지만 그 말에 진정성을 느끼게 하는 사람은 극히 드물다.

아이에게 말을 할 때 사랑과 존중의 느낌을 담아보자. 아이는 아빠가 어떤 말을 하는가 보다 어떤 느낌인가에 더 집중한다. 그 사실을 잊지 않는다면 말 한마디에도 조심스러워진다. 그리고 평소 아빠의 이미지에 대해서도 신경 쓰게 된다.

사회생활에 익숙한 우리 아빠들은 너무나 잘 안다. 내가 싫어하는 누군가가 있다면 그 사람이 하는 말도 싫어진다는 사실을 말이다. 마음이 맞지 않는 대화는 하지 않는 것과 별반 다를 게 없다는 걸 말이다.

비즈니스맨인 우리 아빠들이 직장에서 고객들의 마음을 열기 위해 노력하는 것보다 훨씬 더 많은 노력을 아이에게 기울여야 한다. 내 아이는 내 평생 고객이라고 생각하고 대해도 언제나 부족함을 잊지 말아야 한다.

하루 10분
책 읽어주기

아이를 축구경기장에만 데려가는 아버지는 '아이 같은 어른'이지만, 운동장뿐만 아니라 도서관에도 데려가는 아버지는 '성숙한 어른'이다.

– 짐 트렐리즈, 《하루 15분, 책 읽어 주기의 힘》에서

🐱 엄마, 아빠! 책 읽어주세요!

인간이란 동물은 태어난 후, 뇌가 99% 성숙 수준에 이르는 데 약 10년이 걸린다고 한다. 그 동안 부모가 아이에게 해 줄 수 있는 최고의 일은 '책 읽어주고 이야기 많이 해 주는 것'이라고 노벨상을 수상한 경제학자 제임스 헤크먼이 말했다.

글자를 모를 때부터 책을 가까이 한 아이들은 부모에게 책을 읽어달라고 조른다. 하지만 부모들에게 아이들 책이 재미있을 리 만무하다. 그러니 책 읽어주기가 즐거울 리 없다. 책 읽기가 습관이 되지 않은 부모라면 특히 그렇다. 책을 읽다 졸리고 피곤해지기 일쑤다. 그러니 가급적 내용이 짧은 책을 선택하려고 하고 아이들이 다시 읽어

달라고 하면 힘겨워 한다.

어느 순간 아이가 한글을 깨치고 스스로 책을 읽기 시작해도 아이들은 책을 읽어달라고 한다. 그때 부모들이 편하게 선택하는 말이 있다. '책은 스스로 읽는 거야' 라며 피하는 것. 아이를 위해서라기보다 귀찮기 때문이다. 책을 읽어주면 열심히 경청할 아이들도 부모가 이러면 책을 놓게 되는 경우가 많다.

아이들이 글을 깨치고 난 뒤에도 부모가 책을 읽어주는 경우는 아마 드물 것이다. 나 역시 스스로 책을 읽도록 하는 쪽으로 유도했던 아빠였다. 그런데 책을 다시 읽어주기로 결심한 결정적인 계기가 있었다. 바로 앨리스오즈마의 《리딩프라미스》란 책을 읽고 나서부터다.

《리딩프라미스》에는 아이가 성인이 될 때까지 책을 읽어주는 아빠가 나온다. 부제도 '아빠와 함께한 3218일간의 독서마라톤'이다. 책 읽어주는 아빠와 함께 자란 딸이 아빠와 함께 한 시간들을 되짚으며 쓴 책이다. 책을 매개로 성인이 될 때까지 아빠와 함께 한 딸이라니. 물론 책을 읽어준 아빠도 대단하지만 함께 한 딸도 대단하다. 그 책을 읽고 나서 다 큰 아이들에게도 책 읽어주기가 필요하구나 하고 깨닫게 됐다.

이 책을 읽은 계기로 아이들이 잠들기 전 책을 읽어주자고 결심하고 잠깐 실천을 한 적 있다. 하지만 주간에 업무로 지친 몸을 이끌고 들어와 식사하고 씻고 나면 후줄근해진 몸을 누이기 바빠 시간이 갈수록 그 결심은 흐지부지해지고 말았다. 사실 그때 꾸준히 실천하지 못한 것을 지금도 많이 후회한다. 아이들은 아빠가 책을 읽어준다고 하면 너무 좋아한다. 그렇게 반기고 좋아하는 것을 나의 게으름으로 인해 못해준 것이 못내 안타깝다.

그런 후회를 더 이상 하지 않기로 결심하고 다시 잠들기 전 책을 읽어준다. 요즘은 아내도 함께 듣는다. 내가 피곤해하면 대신 좀 읽어주면 좋으련만 아내가 먼저 어제 읽은 책 읽어달라고 보채기도 하니 어처구니가 없다. 다 큰 딸에게 책 읽어주는 《리딩프라미스》의 그 아버지가 된 기분이다.

🐱 책 읽어 주기의 효과

아이들에게 책 읽기 습관을 길러주려면 부모가 평소에 책을 많이 읽어주어야 한다고 한다. 책을 잘 읽지 못하는 아이들을 살펴보면 풍부한 음성언어를 접하지 못했기 때문이라고 한다. 즉 귀로 듣는 경험이 중요하다는 의미다.

책을 읽게 하는 것 외에 아이들에게 책을 많이 읽어주면 어떤 효과가 있을까?

먼저 엄마, 아빠에게 사랑받는 느낌을 받는다. 아이 옆에서 이야기책을 읽어준다는 건 그만큼 부모가 아이에게 사랑과 관심을 표현하기 위해 적극적인 노력을 한다는 의미다. 그런 적극성이 아이들에게는 부모의 사랑으로 받아들여지는 것이다.

둘째, 이야기를 듣는 힘이 길러진다. 책을 읽는 것과 소리로 듣는 것은 다르다. 이야기에 집중해 듣는 습관이 생기면서 들으며 이해하는 힘이 길러지는 것이다.

셋째, 책에 대해 이야기를 나누며 서로 가까워진다. 책에서 읽게 된 내용을 소재로 서로 이야기를 나누면 자연스레 대화로 이어지고 마음을 나눈 대화만큼 서로 간의 정이 두터워질 것이다.

KBS 읽기혁명 제작팀에서 만든 책 《뇌가 좋은 아이》에는 헬싱키 대학 뇌 인지연구소 테야 쿠알라 박사와의 인터뷰 내용이 실려있다. 테야 쿠알라 박사는 아기들에게 책을 읽어주는 게 왜 중요하냐는 질문에 이렇게 답변했다.

"아기들에게 중요한 것은 책 자체가 아닙니다. 가장 중요한 것은 아기가 부모나 어른들과 교감을 나누는 것입니다."

무엇보다 아기가 어른들과의 교감을 통해 책에 익숙해지고 책은 다시 아이의 상상력을 자극하게 되는 도구가 된다고 덧붙이고 있다. 아이가 책과 가까워 질 수 있도록 하는데 부모의 역할이 얼마나 중요한지를 깨닫게 한다.

아이 사랑은 책 읽어주기부터 라고 해도 과언이 아니다. 책 읽어주기를 아이에게 사랑을 전하는 가장 좋은 방법 중 하나로 꼽고 싶다. 이런 좋은 장점이 있는데도 불구하고 실천하기 힘든 것은 부모가 책과 친하지 않기 때문이다. 결론은 아이를 제대로 키우고픈 부모는 무조건 책을 가까이 해야 한다. 스스로 책을 읽지 않으면서 자녀를 책 읽는 아이로 키워낼 방법은 없다.

이처럼 다양한 장점을 지닌 책 읽어주기가 일상이 힘겨운 부모들에게 고역이 되지 않기 위해서는 단 10분만 읽어주겠다는 가벼운 마음으로 시작해보면 된다. 하루도 빼먹지 않고 읽어주겠다는 각오가 필요하다. 왜냐하면 하루 이틀 거르게 되면 결국 흐지부지 해지는 경우를 흔히 경험했기 때문이다. 어제 안 했는데 오늘도 쉬자는 식으로 포기 하게 된다. 하지 말자는 마음의 관성이 자리 잡기 시작한다.

이제 초등학교 5학년, 3학년인 아이들에게 저녁이면 책을 읽어준다. 결심한 대로 매일 읽어주기가 쉽지는 않지만 말이다. 아빠가 힘들어 하면 아이들은 '내일 읽어주세요.'하고 쿨하게 넘어가 주려고 한다. 하지만 그래선 안 될 일이다. 가급적 한 권의 책을 정해 읽어주게 되면 매일 거르지 않으려고 노력한다. 10분이라는 시간 분량을 마음 속으로 정해 놓고 읽어주는 것이지만 읽다 보면 아이들이 원하는 만큼 읽어주게 된다.

모든 일이 그렇다. 시작하기가 힘들다. 그래서 단 1분만 실천하겠다는 부담 없는 목표로 시작해보자. 그러면 1분이 자연스럽게 10분으로 늘어난다. 10분 아빠의 한 가지 자격을 갖춘 셈이다. 퇴근 후 힘들고 지쳐있을 때 아무 고민하지 말고 '얘들아 책 읽어줄게~'라고 말해보라. 아이들이 '와~ 아빠가 책 읽어준대~' 하고 뛰어온다. 가끔 아내도 함께 말이다. 아이들의 신난 목소리를 듣는 것만으로도 피로가 싹 가시는 경험을 하게 될 것이다.

❸
하루 10분
아이와 대화하기

사랑 받고 있을 거야, 사랑 받고 있는 것을 느낄 수 있어, 이 둘 사이에는 커다란 차이가 있다. — 스펜서존슨, 《좋은 아빠가 되기 위한 1분 혁명》에서

선생님 : 야, 거기 맨 뒤! 필기 안 하고 뭐 해?

사오정 : 안 보여서요.

선생님 : 그래? 네 눈이 몇인데?

사오정 : 제 눈은 둘인데요

선생님 : 아니 그거 말고. 네 눈이 얼마냐고?

사오정 : 제 눈은 안 파는데요.

선생님 : 그게 아니고 눈이 얼마나 나쁘냐고?

사오정 : 제 눈은 뭐… 나쁘고 착하고 그런 거 없는데요.

이제 고전이 된 사오정 시리즈 중 한 가지다. 그냥 우스꽝스런 이야기 같지만 조금만 생각을 달리 하면 이런 식의 웃긴 대화가 우리 주위에서도 흔히 일어난다는 사실을 떠올리기 어렵지 않다.

자신의 대화에서 이걸 깨닫긴 쉽지 않다. 하지만 다른 사람들이 서로 논쟁하는 순간이 포착되면 대화를 잘 들어보기 바란다. 각자 주장하는 바는 명확한데 서로 다른 관점에서 서로의 주장만을 되풀이하는 순간들을 흔히 만난다. 결국 그걸 간파한 누군가의 중재가 있어야 결말이 난다.

아이들과 대화가 익숙하지 않은 직장인 아빠들의 대화도 일방적이기 마련이다. 아빠의 생각만 전할 뿐 아이의 입장은 별로 고려하지 않는다. 서로의 대화가 부족해서 그렇다. 서로 대화할 기회가 많으면 서로의 입장을 이해할 수 있는 기회가 많다. 그렇지 않으면 서로를 알 길이 없다.

직장인 아빠는 이제 아이와 대화할 시간을 무조건 만들어내야 한다. 하루 10분 만이라도 말이다.

🐱 우리와 다른 유대인 가정교육

퇴근 후 귀가하면 제일 먼저 하는 일이 무엇인지 생각해보자. 직장인 아빠들의 보통 일상을 점검해 보는 차원이다.

집에만 가면 식사하고 소파에 기대 TV를 보다가 스르르 곯아떨어져 버리지는 않는가? 습관처럼 매일 말이다. 늦은 저녁 식사 후 푹신한 소파에 몸을 기대 누워 있는 그 순간을 상상해보면 그럴 수 밖에 없을 것 같다. 하루 온종일 쌓인 피로가 긴장이 풀리면서 보이는 자연스런 반응이다. 같은 직장인으로서 이해가 간다.

문제는 매일 이런 식이면 평일에 가족과의 대화 시간은 거의 없다는 사실이다. 직장에서 회식이나 각종 모임 때문에 가뜩이나 평일에 얼굴을 보기 힘든 가족들이다. 그런데 집에 일찍 들어온 날, 바로 먹고 쉬고 자는 패턴으로 이어진다면 서로 대화를 나눌 시간은 더욱 요원해질 수 밖에 없다.

이와는 대조적인 모습을 유대인 가정에서 찾아볼 수 있다. 자녀 교육의 본보기로 유대인의 사례는 자주 언급된다. 유대인들의 자녀 교육의 뿌리는 가정 교육에 있다. 잘 알다시피 유대인 부모들은 가정교육이 엄격하기로 유명하다. 일이 바쁘고 몸이 피곤하면 대충 건너 뛰어버리는 우리 모습과는 대조적이다.

유대인들은 가족이 함께 식사하기, 잠들기 전 독서, 거르지 않는 아침밥 등 가정에서 지켜야 할 규칙들에 대해 매우 엄격하다. 사소해 보이지만 이런 규칙들이 아이들에게 좋은 습관을 심어주고 품성과 인성을 길러주면서 나아가 지능까지도 결정한다고 한다.

게다가 유대인 부모들 자녀 교육의 핵심이 대화와 질문 위주라는 사실은 잘 알려져 있다. 활발한 대화로 교육효과를 높이려는 것이다. 유대인 학생들의 질문과 토론 위주의 공부는 가정 교육에서 시작된다. 우리나라 부모들이 교육열이 높다고 하지만 그 방식에 있어서는 유대인 부모들을 따라가기 힘들다.

이런 사실을 알고 우리 직장인 아빠들의 모습을 되돌아 보자. 비교 대상이 있으면 실상을 이해하는데 굉장한 도움이 된다.

일단 육아의 원칙이 있는지부터 살펴 보면 된다. 직장인의 퇴근 후가 힘들다는 사실은 변함 없다. 단지 그것을 핑계로 사랑하는 가족들에게 너무 소홀하지 않는지를 점검해 보자는 것이다. 사랑하는 내 아이들을 위해 단 1분이라도 시간 할애를 하는지 거기에 대한 원칙이 있는지를 한번 점검해 보자.

아빠로서 부끄럽게 여겨진다면 다행이라고 여기자. 늦었다고 생각할 때가 가장 빠르다는 말에 일단 위안을 삼자. 앞으로 내 가족과 아이들을 위해 어떤 것들을 실천할지를 정해놓고 매일 실천하면 된다. 단 10분만 하겠다고 결심하면 된다. 아무런 실행이 없는 것과 뭔가를 시도하는 것 사이에는 엄청난 간극이 있다.

🐾 대화하기 좋은 환경을 만들자

아이들이 게임에 열광하듯이 어른들은 스마트폰이나 TV에 열광한다. 거리에선 스마트폰, 집에선 TV. 실제 회사에서 직장동료들과 식사라도 하러 나가면 거의 대화가 없는 경우가 종종 있다. 각자 자기 스마트폰을 열심히 뚫어져라 보고 있다. 함께 식사하러 온 동료들은 자리만 함께 하는 동료들일 뿐이다. 친구들 사이에서도 흔히 발견되는 풍경이다. 스마트폰이 만든 진풍경이다.

유대인 가정의 거실에는 대부분 텔레비전이 없다고 한다. 책이 가득 들어찬 책장과 책상과 의자가 그 자리를 대신한다. 우리는 가족이 모여 대화를 나누는 식사시간에 텔레비전을 보는 일이 흔하지만 유대인 가정에서는 상상하기 힘들다고 한다. 부모가 먼저 모범을 보이니 자녀들이 보고 그대로 배운다.

TV는 강력한 시각 매체다. 한번 시선이 꽂히면 빠져 나오기 힘들다. 아이들이 어린이 프로그램을 볼 때 어떤가? 대부분 넋을 잃고 바라본다. 밥 먹으란 소리는 아예 귀에 닿지도 않는다. 엄마의 인내심을 시험대에 올리는 순간이기도 하다.

TV 중독은 아이들에게만 있는 것이 아니다. 어른들도 예외가 아니다. 어린 아이들만 게임에 빠져 허우적대는 게 아니다. 어른들도 마찬가지다. TV와 게임에는 어른 아이 가리지 않고 빠져든다.

거실에 TV가 있으면 심심할 때마다 자극을 찾듯 TV에 눈을 돌린다. TV보기가 쉽게 자제할 수 있는 일이었으면 일부러 TV를 거실에서 치울 필요도 없다. 그런데 그게 잘 안되니 TV를 보이지 않는 구석으로 보내거나 없애 버리는 것이다.

우리 집의 경우 TV는 안방에 두고 거실은 책장으로 꾸몄다. 거실에 보이는 게 책뿐이다 보니 심심하면 자연스럽게 책에 손이 간다. 때때로 작은 아이가 너무 심심하다며 아빠에게 보챈다. TV보고 싶다는 말을 둘러서 하는 투정이다. 그래도 TV를 보여주지 않는다. 극도로 심심해져야 한다. 너무 심심해야 결국 책을 보게 된다.

아빠들이 먼저 TV에서 눈을 돌려야 한다. 심심함을 TV로 해소하려 해선 안 된다. 가족들과 함께 있는 소중한 시간을 허비하지 말자. 아이들과 대화하고 함께 책을 읽는 광경을 한번 상상해 보자. 그런 상상만으로도 굉장한 자극이 된다.

가정의 화목을 저해하는 TV를 거실에서 과감히 몰아내고 테이블과 의자 그리고 책장으로 꾸며보는 건 어떨까? 책장과 테이블과 의자만 있는 거실. 우리 집은 지금 사는 곳으로 이사하면서 이렇게 꾸며놓고 주위로부터 얼마나 부러움을 샀는지 모른다.

책을 볼 수 있는 환경이 조성되니 아이들과 아내 나 역시도 마찬가지로 거실에선 테이블에 앉아 책을 읽는 시간이 늘었다. 자연스럽게 함께 대화하는 시간도 가진다. 환경이 중요함을 깨닫는 계기도 됐다.

테이블 위에는 읽고 정리하지 않은 책들로 어지러웠지만 신경 쓰지 않았다. 다른 건 몰라도 책이라면 용서가 되는 무질서함이기 때문이다.

🐱 하루 10분 대화 원칙

자, 이제 아무리 피곤하고 힘들어도 가족과 시간을 보내자는 결심이 섰다. 그리고 가족과 온전히 함께할 수 있는 환경도 조성이 되었다. 나머지는 원칙을 정해서 실행만 하면 된다. 이 때 아빠의 실행력이 제대로 발휘되어야 한다.

집으로 돌아오면 먼저 아이들과 눈을 맞추자. 직장에서 돌아왔을 때 아이들이 반갑게 맞아준다면 그때부터 시작해 아이들과 단 10분이라도 이야기를 나눠보는 건 어떨까? 집에만 오면 드러눕기 바빴던 아빠의 변화를 아이들도 감지한다. 아빠가 건성으로 대할 때 하지 못했던 대화의 물꼬가 확 트이게 될 것이다.

아주 사소한 것들부터 아이에게 관심을 가져보자. '오늘 학교에서 재미있었어?', '뭐 하고 놀았니?' 등 가볍게 묻고 답할 수 있는 질문하기부터 시작하면 된다. 그 순간에 아이가 대답하기 힘든 '질문의 힘'을 발휘해선 안 된다.

'오늘 학교에서 뭐 배웠어? 배운 거 얘기해 볼래?.'

'오늘 무슨 책 읽었어? 읽은 책에 대해 줄거리와 느낌을 한번 말해 줄래?'

마치 숙제를 점검하는 듯한 대화 시도는 아이를 질리게 만든다. 아빠 자신의 경험을 떠올려보자. 교육이나 강의시간에 강사가 당신에게 느닷없이 질문을 하는 상황. 무척 당황하고 긴장하게 되지 않던가? 아이들도 마찬가지다. 평소 대화를 잘 하지 않던 아빠가 문제 풀이 식 질문을 한다면 당황할 수 밖에 없다.

아빠와의 대화는 아이와 친밀도를 높이기 위한 것이지 아이들 사고력을 높이겠단 고도의 목적을 시도 때도 없이 발휘하자는 게 아니다. 물론 자연스럽게 아이가 생각하는 힘을 길러줄 수 있는 프로급 대화를 평소에 계속해 왔다면 모르지만 말이다. 하지만 평소 대화에

서툰 아빠들은 아이와 대화를 이어갈 수 있을 만한 소재로 시작해야 한다. 아이에 대해 너무 모를 때는 아이의 주변 생활에 대해 묻는 것도 좋다.

'오늘 친구들과 재미있게 놀았어?' '오늘은 점심 때 뭐 먹었어?' 등 가벼운 질문 위주로 대화를 시작해 보자. 물론 평소 대화가 너무 없었다면 이런 대화도 아이가 어색해할 수 있으니 마음 단단히 먹고 시도해보기 바란다. 그렇지 않다면 재잘대듯 이야기하기 좋아하는 아이들이 끝없이 쫑알쫑알댈지 모른다. 아이 눈을 바라보며 만면에 웃음을 머금어 보자. 아빠인 내게 둘도 없는 천사가 아닌가. 그때 아이는 이 세상 누구에게서도 느낄 수 없는 아빠의 사랑을 고스란히 느끼게 될 것이다.

🐾 반드시 지켜야 할 대화 자세

아이와 대화 할 때 반드시 지켜야 할 철칙이 있다. 특히 아이가 먼저 아빠에게 말을 걸어올 때 무조건 지켜야 하는 아빠의 자세다. 아빠가 아이의 말에 온전히 집중하고 있음을 보여주기 위해 아빠는 아이를 온전히 바라보고 대화해야 한다.

하버드대 교육대학원 조세핀 김교수는 이런 자세를 SQUARE라고 표현했다. 즉 아빠와 아이의 양 어깨가 마주 보며 사각형 꼭지 모양이 되도록 해야 한다는 것이다.

아빠가 TV를 보거나 다른 일을 하고 있을 때 아이가 말을 걸어오면 아이 말은 건성으로 듣고 대답하는 경우가 많다. 마치 '아빠는 TV보면서도 네 말을 잘 들어줄 수 있어'라는 태도. 하지만 아이는 그렇게 생각하지 않는다. 그리고 아빠 역시 아이와의 대화에 성의가 없어진다는 걸 명심하자.

아이와 대화할 때 SQUARE를 떠올리면 효과가 있다. 대화 내용이 뭐가 됐든 아이를 향하자. 그래야 아이는 아빠가 온전히 자신과의 대화에 몰입하고 있음을 느낀다. 그런 자세일 때 아빠도 아이 말과 표정에 더욱 집중할 수 있다. 이것은 진정성 있는 대화를 나누는 기본 중의 기본이다. 내 아이만큼 중요한 비스니스 상대도 없다고 생각해 보는 건 어떨까?

이런 간단한 행동 하나로 아이는 아빠의 사랑을 느낀다. 잠깐만 생각을 바꾸고 행동을 바꾸면 행복한 아이로 키울 수 있다.

❹
하루 10분
제대로 놀아주기

**사람들이 리더를 기억하는 것은 그가 자신을 위해 한 일 때문이 아니라
다른 사람들을 위해 한 일 때문이다.**
                                                    - 제임스 쿠제스

아이가 처음 두발 자전거를 배울 때 힘들어 했던 기억이 난다. 자전거 타기에 대한 이론은 단 한가지다. 넘어지는 쪽으로 핸들을 돌리기. 나머지는 실습인데 저질 체력인 아빠들에게 가장 고역인 순간이다. 넘어지려는 아이 자전거를 뒤에서 잡고 내내 달려야 하니 말이다. 달리는 동안 어느 정도 균형이 잡혀 손을 놔도 되겠다 싶을 때가 있다. 아니 헉헉거리며 뛰다 도저히 안 되겠다 싶어 손을 놓고 싶어진다. 그럴 때 아이가 그런다.

'아빠 손 놓으면 안돼!'

아이마다 자전거 타기를 익히는 시간이 조금씩은 달랐던 것 같다. 큰 아이 탈 때는 제법 많이 달렸고 작은 아이는 금세 혼자 잘 탔던 것

같다. 둘째는 그리 힘들지 않았던 기억이다. 어쨌든 아빠가 열심히 달려주기만 하면 아이는 자전거 타기를 금방 익힌다. 단시간에 죽으라 많이 뛰다 보면 아이가 절로 균형을 잡는다.

아이와 놀아주면 아빠 체력도 좋아질 수 밖에 없다. 그래서 아이들과 잘 놀아주기 위해 일부러 체력을 키울 필요는 없을 것 같다. 그냥 잘 놀아주기만 해도 체력이 쑥쑥 향상된다.

아이들이 얼마나 에너지 넘치는지 모른다. 사실 거기에 맞춰 놀아주려면 골병들 것 같을 때도 있다. 더 놀아주고 싶어도 그러지 못한다. 대신 짧은 시간 놀아주더라도 온전히 아이들과 놀아주기만 하면 된다. 힘들어 고역이 아니라 즐거울 정도, 딱 그만큼만 놀아주자. 힘이 들 정도가 되면 아무 것도 아닌 일로 아이에게 짜증을 내게 되기 때문이다.

🐾 아이들과 놀아줄 수 있는 시간이 많지 않다.

우리 집엔 아들만 둘이다. 함께 집에 있으면 둘이 엉켜서 잘 논다. 사실 책 읽고 공부하는 시간보다 둘이 장난치며 노는 시간이 훨씬 더 많다. 둘이 놀다가 그런다.

'아빠 우리 축구 하러 가요.' 혹은 '우리 보드 게임 해요'

평일에는 퇴근 후에야 아이들 얼굴을 보니 아이들을 데리고 나가 산책 하는 정도가 전부다. 그러니 아빠와 놀기 위해 일주일을 기다

려온 아이들이 휴일에 아빠를 그냥 놔둘 리 만무하다. 아침 일찍부터 운동장이나 놀이터로 나가야 한다. 사실 아빠가 체력이 되면 하루 종일 바깥에서 놀고 싶어하는 아이들이다.

언제 집으로 들어갈까 기회를 보던 아빠에게 밥 먹으러 들어오라는 엄마의 전화 한 통은 구원의 목소리다. 그렇게 반가울 수가 없다. 더 놀고 가자는 아이들을 달랜다. 밥 먹고 놀자고. 물론 밥을 먹고 나면 아빠의 태도는 180도로 달라진다. 식사 후 축 늘어지기 마련이니까.

대부분 아빠들의 일상이 크게 다르지 않을 것 같다. 아마 처음 아이를 가졌을 때의 초심과는 많이 다른 일상이 아닐까 싶다. 내가 아빠가 되면 아이들과 많이 놀아주고 어릴 때 좋은 추억을 많이 만들어 주겠다는 결심을 다들 한 적이 있을 것이다. 그런데 모든 일이 그렇듯, 모든 계획이 그렇듯 계획했던 그 일을 실행하는 순간이 오면 왜 그렇게 힘든 일이 되어버리는지.

친구와 같은 아빠가 되겠다는 결심은 어디 가고, 피곤하지 않을 때만 가끔 놀아주는 아빠가 되어있다. 회사 업무에 허덕이게 되면 더더욱 그렇다. 아이들과 놀아주기 위해 회사를 그만 둘 수도 없는 노릇이고.

온전히 아이들과 노는 시간을 가지기 힘들다 해도 아이들과 보내는 시간을 포기하면 안 된다. 문득 정신이 들었을 때 아이들은 이미 장성해 아빠와는 더 이상 놀려고 하지 않는 시기가 반드시 온다. 제대로 놀아주지도 못하고 아빠와의 좋은 추억거리도 그다지 만들지 못했다면 정말 뼈저린 후회를 하게 된다.

아이들과 놀아줄 수 있는 시기가 따로 있다. 그래서 아이가 아빠와 놀고 싶어할 때 틈나는 대로 놀아야 한다. 아이들이 조금만 커서 친구들과 어울리기 시작하면 자연스럽게 아빠는 놀이 상대에서 제외된다. 함께 놀고 싶어도 끼워주지 않는다. 그때 가서 크게 상심하기 전에 아이들과 함께 하는 시간을 최대한 늘려야 한다.

아빠와 함께 할 수 있는 놀이들

한번 생각해 보자. 아이들에게 먼저 놀자고 얘기한 적 있는지. 아마 아이들 성화에 못 이겨 마지못해 아이들 요구에 응한 경우가 대부분일 것이다. 아이가 자전거 타기에 흥미를 갖기 시작하면 자전거 타러 나가자고 한다. 그리고 공놀이에 재미를 느끼기 시작하면 함께 축구나 야구 혹은 농구를 하자고 한다.

놀이에 관심 없는 아빠가 아이들과 할 수 있는 놀이가 그리 다양하지 않다. 그리고 자전거 타기나 축구 등 야외활동이나 운동에 관심 없는 아빠들 대부분은 아이들과 밖으로 나가 주는 것만으로 놀아주는 거라 여긴다. 아이들은 놀이터나 운동장에서 놀고 자신은 벤치에 앉아 스마트폰 보고 있고. 어떤 경우든 아이들과 제대로 놀아주는 거라 볼 수 없다.

우리 아빠들의 큰 착각 중 하나가 아이들과 같이 있어주는 것을 놀아주는 것이라 여기는 것이다. 아이와 함께 TV를 두 시간 봤다고 해서 두 시간 아이와 놀아준 건 아니다. 공간만 공유했을 뿐이지 아빠 따로 아이 따로 시간을 보낸 것과 같다. 물론 잘 놀지 못하는 아빠라면 그렇게 아이와 함께 시간 보내기를 시작해도 시작 치고는 괜찮다고 할 수 있다. 하지만 늘 그런 식이라면 곤란하다.

아이와 놀아주기로 했다면 아이와 함께 하는 놀이여야 한다. 아빠와 서로 교감할 수 있고 서로 대화도 할 수 있는 놀이들 말이다. 재미 있어서 깔깔거리기도 하고 투정도 부리고 할 수 있는 그런 놀이들 말이다.

하지만 아빠들 대부분이 놀이 전문가가 아니니 그럴 땐 아빠와 할 수 있는 놀이들을 소개한 책들을 참고하자. 조금만 관심을 가지면 아이들과 할 수 있는 놀이가 대단히 많다는 걸 알고 깜짝 놀랄지도 모른다. 그런 놀이들을 소개한 책 중 하나가 《아이의 미래를 바꾸는 아빠의 놀이 혁명》이란 책이다. 만화가 곁들여진 책이라 보기에 너무 좋다.

이 책에는 무려 84가지나 되는 놀이를 소개하고 있다. 이 책의 저자는 평소 아빠와 아이가 함께 하는 시간이 실제 생각보다 짧다는 사실을 염두에 두고 1분이면 할 수 있는 놀이들을 정리했다. 그래서 1분 놀이라고 부른다. 실제 하다 보면 1분이 넘게 되니 왜 1분이 넘냐고 불만을 갖진 말기 바란다.

집에 있을 때 놀이 빈곤 상태를 겪게 되는데 대부분 집에서 간단히 할 수 있는 놀이들로 구성되어있다. 그 중 우리 아이들과 즐겨 했던 놀이 몇 가지만 소개해 본다.

🐸 이름 대기

아이의 나이에 맞춰 적절하게 할 수 있는 언어 놀이다.

놀이 방법	동물 이름 대기, 식물 이름 대기, 물고기 이름 대기, 곤충 이름 대기, 나라 이름 대기, 안방에 있는 물건 이름 대기, 거실에 있는 물건 이름 대기, 부엌에 있는 물건 이름 대기 등 재미있게 응용할 수 있다.
효과와 장점	사물의 이름을 빠르게 외울 수 있다.
단 점	너무 자주 하면 질린다.

🐸 양말 야구

신나게 놀고 싶은데 밖에는 비가 올 경우에 실내에서 야구를 즐겨보자.

놀이 방법	양말만 있으면 된다. 보통 집에서 양말을 보관할 때는 공처럼 말아두는데, 이것을 야구공으로 사용하면 된다.
효과와 장점	팔을 사용하여 양말을 던지는 것은 새로운 경험이므로 아이는 매우 좋아한다. 스트라이크에 대한 칭찬이 아이를 더욱 기쁘게 한다. 아이가 던질 때마다 던진 공에 대하여 이야기만 해주면 되므로 아빠는 거의 힘이 들지 않는다.
단 점	먼지가 나고, 무언가 깨드릴 수 있다는 점을 유의해야 한다.

알까기

집에 바둑판이 있다면 훌륭한 놀이 소품이 될 수 있다. 주말에 아이와 간단히 할 수 있는 놀이다.

놀이 방법	일반적인 방법으로 하면 아이는 재미없다고 바로 싫증을 낸다. 그래서 규칙을 정해야 한다. 첫째, 바둑알 수로 차별을 둔다. 아빠가 5개면 아이는 15개나 20개로 시작을 한다. 둘째, 한 번 상대방의 바둑알을 떨어뜨리면 연속해서 할 수가 있다. 알까기를 잘하는 방법이란 좋은 바둑알의 선별과 올바른 자세에 있다. 초기에는 아이가 많이 미숙할지 몰라도 시간이 지남에 따라 요령을 익혀 어느 시점에는 모든 것을 깨치게 된다. 그러면 자연스럽게 같은 수의 바둑알을 놓고 시합할 수 있다.
효과와 장점	페어플레이 정신, 규칙에 대하여 알 수 있다. 오목과 바둑에 대한 동기 부여를 해 줄 수 있다.
단 점	앉아서 하므로 운동량이 적다.
주 의 사 항	사전에 규칙에 대하여 아이에게 충분히 이야기를 해야 한다.
응 용 동 작	오목이나 바둑

엄지손가락 씨름

놀이 방법	아빠와 아이가 엄지손가락만을 사용하여 씨름을 한다. 서로 엄지를 뺀 4개의 손가락을 끼운 후, 엄지손가락만을 사용하여 상대방의 엄지손가락을 나의 엄지손가락으로 누르면 이기는 게임이다. 이기면 즉시 상대방의 손등을 한 대 때리는 것도 재미있다.
효과와 장점	간단한 놀이인 데 비해 분위기를 띄우기에 적절하다. 앉아서도 할 수 있다.

단 점	운동량이 적다.

손바닥 씨름

좁은 공간에서 잠깐 아이와 놀아줄 수 있다.

놀이 방법	엄밀히 말해 이 놀이의 이름은 손바닥 밀기에 가깝다. 서로 50센티미터 정도 거리를 두고 서서 양쪽 손바닥으로 상대방을 넘어뜨리는 것이다. 손바닥 이외의 신체 부위에 손이 닿으면 실격으로 처리해서 1패로 한다. 발이 움직여도 실격이다.
효과와 장점	좁은 공간에서 아이와 효과적으로 놀아줄 수 있다.
단 점	아빠가 힘 조절을 잘못하면 아이가 다칠 수 있다.

좀 노는 아빠들은 아이들과 한번쯤은 해보았던 놀이들이다. 집에서 조금 무료해질 때 아이들과 이런 놀이를 하면 아이들 웃음 소리로 집안 분위기도 확 바뀔 것이다. 아이와의 친밀도를 급상승 시킬 수 있다.

하루 10분
육아법 공부하기

왕이건 농부건 자신의 가정에 평화를 찾아낼 수 있는 자가 가장 행복한 자다.

- 괴테

🐱 서점에서 육아서 코너를 기웃거리자

육아서 한 권을 읽고 나면 금세 육아에 대한 생각이 바뀐다. 책이 주는 마법의 효과다. 책을 읽고 나면 육아 문제는 해결되지 못할 게 없을 것 같은 착각이 들 정도다. 물론 그 효과가 오래오래 지속되는 건 아니다. 한번 조여 둔 운동화 끈을 느슨해질 때마다 묶어 주어야 하듯 육아서도 꾸준히 읽어야 육아에 대한 관심을 지속할 수 있다.

좋은 육아서를 읽고 나면 부모로서 훌쩍 커지는 느낌이 든다. 아이들에게 더 잘해야겠다는 결심도 선다. 그래서 부모라면 반드시 자기계발서를 읽듯, 육아서를 읽어야 한다. 책을 많이 읽는 부모라면 독서하는 중간중간 육아서도 함께 독서 리스트에 올려두는 게 좋다.

육아에 대한 관심을 반영하는 듯 최근에 많은 육아서가 계속 출간되어 나오고 있다. 아이들을 잘 키우고 싶은 부모님들의 마음에 호응하는 것 같아 무척 반갑게 생각한다. 부모가 배우고 연구하고 고민한 만큼 좋은 부모가 될 수 있다. 즉 부모 되기에 관심을 가지고 노력해야 제대로 된 부모가 될 수 있다는 말이다.

오프라인 서점 방문이 힘들다면 지금 인터넷 서점 화면을 열고 육아에 관한 책을 한번 검색해 보기 바란다. 육아서를 단 한 권도 읽어보지 않았다면 깜짝 놀랄 만큼 다양한 책들이 줄지어 있음을 즉시 확인할 수 있다. 육아서의 경우 많이 읽히는 책들을 골라 읽어도 무방하다. 책을 좀 읽는 분들은 베스트셀러라고 하면 색안경을 끼고 보시는 분들도 있지만 육아서는 괜찮다. 특히나 책 읽기가 부담스럽다면 쉽게 읽을 수 있는 책을 선택하는 것이 오히려 좋다.

육아서 읽기도 처음 시동 거는 것이 중요하다. 책의 유익함을 먼저 체감해야 꾸준히 이어갈 수 있다. 그래서 구입하면 즉시 읽는 것이 중요하다. 자칫 너무 욕심을 내 전문가가 쓴 책이나 백과 사전처럼 육아에 대한 모든 지식을 한 권에 담은 듯한 책을 구입하고 나면 바로 책장으로 직행해 버릴 가능성이 높다.

물론 집에 놔두면 언젠가는 읽겠지 하는 마음에 미리 구입해 두려는 책들도 있다. 하지만 구입해 즉시 읽지 않은 책을 나중에 꺼내 볼 가능성은 희박하다. 반드시 지금 읽을 책을 구입하되 구입하면 바로 읽어내야만 책 안의 내용들이 내 것이 된다.

🐾 하루 10분 육아서 읽기

매일 빠지지 않고 해야 할 일 하나를 꼽으라면 단연 독서를 꼽고 싶다. 그리고 아빠라면 육아에 대한 관심이 조금도 느슨해지지 않도록 육아서를 늘 곁에 두고 있기를 바란다. 아빠는 육아에 서투르다. 서투른 아빠가 육아에 대한 관심을 지속하기 위한 방법은 육아서를 매일 보는 것 뿐이다. 육아서는 아이를 훌륭하게 키우기 위한 지침서이기도 하지만 훌륭한 부모가 되기 위한 자기계발서이기도 하다.

프로 육아 선수가 되기 위해 지침서인 육아서를 틈틈이 읽도록 하자. 육아서를 읽지 않으면 육아에 대한 관심도 느슨해지기 마련이다. 육아서 읽는 횟수를 육아에 대한 관심의 척도로 생각하자. 그게 여의치 않다면 아예 읽기 쉬운 육아서를 고르자. 잠깐 쉬는 동안 펼쳐 볼 수 있는 책이라면 무조건 좋다. 스마트폰에 전자책을 담아 다니는 것도 좋다. 남들이 스마트폰 중독의 위험에 노출될 때 나는 독서 중독의 유익함에 노출될 수 있다.

육아서를 읽는 것은 아빠 자격증을 따기 위한 것이라 여기자. 육아 자격증은 다른 어떤 자격증보다도 중요한 자격증이다. 그런데도 자격증 제도가 없으니 무자격 아빠들이 난무한다. 가장 큰 피해자는 당연히 아이들이다. 무면허 의사가 환자를 위태롭게 하듯 무자격 아빠들이 아이의 인생을 위태롭게 한다. 아빠 자격증은 나를 위한 것이 아니라 소중한 내 아이를 위한 것이다. 육아서 한 권 읽은 아빠와 그렇지 않은 아빠는 아이를 대하는 자세에서 큰 차이를 보인다. 그러니 자격증 공부하듯 육아서를 읽자.

나는 아버지 공부를 했어야 했다. 아버지의 역할에 대해 조금 더 치열하게 고민했어야 했다. 물론 겉보기엔 내가 자식들과 친구처럼 잘 지내는 아버지였을 것이다. 엄마 없는 날엔 우리끼리 밥도 해 먹고 가끔은 손잡고 여행도 갔으니까. 때론 이모티콘을 섞어 사랑한다는 문자도 보냈으니까. 하지만 거기까지였다. 아버지라면 자식에게 친구 이상의 무엇이어야 하는데 나는 그것을 몰랐다. 내 인생도 허겁지겁 살아온 터라 자식의 인생에 따뜻한 간섭을 해 줄 능력도 대안도 없었다. 그러니 '별 일 없지? ㅋㅋ' 이런 대화가 내가 해 줄 수 있는 전부였다. 작은 위로는 되었을지 모르지만 든든함을 느낄 수는 없었을 것이다. 후회한다. 미안하다.

– 정철,《인생의 목적어》, P. 216

이 글을 읽고 나니 어떤가? 나는 아빠 노릇 제대로 하고 있다고 생각했는데 그게 착각 이었단 생각이 들지 않는가? 이 정도는 아니었다고 안도의 한숨을 쉴지도 모르겠다. 앞으로 후회할 일을 만들지 말자고 결심하면서 말이다. 이 글을 읽고 난 후처럼 육아서를 읽고 나서도 아버지로서의 반성과 다짐을 하게 된다. 이것은 평소에는 스스로 깨닫기 힘든 일이다. 직장이나 일상에 매몰되어 버리면 더더욱할 수 없는 일이다.

육아서를 읽지 않은 공백기간만큼 나중에 후회할 거리들은 쌓여만 간다. 그러니 육아에 대한 관심을 꾸준히 유지하기 위해 매일 한 페이지라도 육아서를 읽자. 10분도 부담스럽다면 1분만 읽겠다는 각오면 된다. 책을 펼칠 정도의 성의만 있으면 된다. 하루라도 책을 읽지 않으면 입안에 가시가 돋는다고 했던 것처럼 하루라도 육아서를 읽지 않으면 아빠 자리가 위태로워진다고 여기자.

Chapter

06

부모가 변하면
아이도 변한다

끈기 있게 하는 일이 쉬워지는 것은

일이 쉬워지기 때문이 아니라

일을 할 수 있는 능력이 향상되기 때문이다.

– 랄프 왈도 에머슨

❶
육아는
즐거워야 한다

진정한 발견이란 새로운 땅을 찾아내는 것이 아니라 새로운 시각을 갖는
것이다.
— 마르셀 프루스트

즐겁지 않은 일에 꾸준히 전념하기 힘들다. 어떤 일이든 억지로
해선 오래가지 못하는 법이다. 실천하지 못하는 계획의 대표적인 예
가 학창시절 방학일과표였다. 방학 시작 전 크게 그린 동그라미 사
이로 한치의 여유도 없이 시간대별로 그려 넣었던 계획표를 기억할
것이다. 하루를 알찬 계획으로 세웠던 그때 그 시절, 계획표대로만
실행했다면 어른이 된 지금의 인생은 분명 180도 달라졌을 것이다.

왜 계획표대로 실천하지 못했던 것일까? 계획표를 처음 작성할 때
의 그 초심을 잃은 것이 가장 큰 이유일 것이다. 시작할 때의 넘치는
의욕을 차츰 잃게 되기 때문이다. 사실 의욕에 차 있을 당시에는 '하
고 싶은 일' 보다는 '해야 할 일'에 더 많은 시간 배분을 하게 된다.
학교 다닐 당시의 '해야 할 일'은 단연 '공부' 였다. 한 시간 공부에

십 분 휴식, 한 시간 공부에 십 분 휴식. 이런 식으로 의무적으로 해야 할 일이 생활계획표의 대부분을 차지하면 초심을 유지하기 힘들다. 시간이 갈수록 해야 할 일들은 뒷전이 되고 하고 싶은 일들로만 시간을 채우게 된다. 나중엔 아예 계획표 자체를 무시해버리게 된다.

어떤 일이든 즐거워야만 오래 꾸준히 할 수 있다. 즐겁지 않은 일을 의지만 가지고 해내기란 쉽지 않다. 강철 같은 의지를 발휘해야 하는 일이면서 시간을 요하는 일이라면 성공할 확률은 시간이 갈수록 떨어진다고 봐야 된다. 우리 인간의 의지력에는 한계가 있다. 기계가 아닌 이상 쉬지 않고 의지력을 발휘할 순 없는 법이다.

육아는 아이들이 내 품에서 떠날 때까지 신경 써야 하는 부모의 의무와 같은 것이다. 하지만 그게 단순히 의무가 되면 실행하기 어려운 일이 되어버린다. 직장인이 육아를 병행하면 정말 힘들다. 육아는 내가 아닌 존재에 대한 관심과 사랑을 베푸는 것인데 내 삶이 고단해지면 그만큼 자신을 돌보기에 급급해진다. 단지 의무감으로만 육아를 한다면 고비가 올 때마다 포기하고 싶은 충동이 생길게 뻔하다.

사랑하게 되면 대상에 대해 알고 싶어진다. 반대로 알게 되면 더 좋아지고 사랑하게 되는 경우도 있다. 우리는 잘 알고 있는 것 익숙한 것에 관심을 가지고 더 배우고 싶어한다. 야구 규칙을 잘 알면 야구가 즐겁다. 골프 규칙을 알아야 골프 TV를 봐도 재미있는 것과 같다. 육아에 대한 관심도 마찬가지다. 모르면 힘들지만 육아서를 찾아 읽고 육아에 대한 관심과 지식이 깊어지면 자연스럽게 아이를 대할 때 자신감이 생기고 아이를 더 사랑하는 방법도 배우게 된다. 잘 알면 즐겁다. 부모가 반드시 육아에 관심을 가지고 배우고 익숙해져야 하는 이유다.

아이를 키우기 힘들어질 때 육아서를 읽고 나면 마구 의욕이 샘솟는다. 때론 위로가 될 때가 있다. 책대로만 하면 술술 아이와의 관계도 좋아지고 아이들도 건강하게 잘 자랄 수 있을 것 같다. 그간 아이에게 잘못했던 일들은 반성하고 앞으로는 더 잘할 거라고 굳게 결심도 한다. 그래서 부모들은 육아서를 자기계발서 읽듯 정기적으로 읽어야 한다고 반복해 강조하는 것이다. 부모의 역할이 흔들릴 때마다 바로 잡아주는 역할을 해주기 때문이다.

책을 읽고 나서 책과 현실이 다를 수 밖에 없다는 걸 깨닫는 데는 그리 오랜 시간이 걸리지 않는다. 당장 아이를 감정적으로 대하게 될 때 자신의 육아 원칙은 한방에 허물어지기 마련이다. 그럴 때 다시 육아서를 읽으며 마음을 다시 잡는 식으로 반복하다 보면 육아에 대한 노하우가 쌓여 단단해지기 시작한다. 반성하고 결심하는 사이클을 몇 번씩 반복하다 보면 몸에 근육이 붙듯 육아 원칙을 실행하는 힘도 강화된다.

육아는 철저히 자기 현실에 대한 이해를 바탕으로 자기 원칙을 세워 나가는 것이다. 어떤 상황에서도 흔들리지 않고 한결같은 태도를 유지하는 것이 중요하다. 아이가 보채거나 짜증낼 때 부모가 지키지 못할 원칙은 의미가 없다. 한가지를 배우더라도 현실에 적용할 수 있는 자기만의 노하우를 가지고 지키면서 보람을 느낄 때 육아는 즐거워진다.

부모가 즐거워야 아이들도 즐겁다. 아이들이 어릴수록 부모 기분에 민감하고 눈치를 보게 된다. 건강한 부모의 일상은 행복하기 마련이다. 즐겁고 유쾌한 일이 더 많다. 아이들과의 관계도 건강하고 즐거워질 수 밖에 없다. 그래야 육아에도 즐겁게 임할 수 있다. 덩달아 아이들도 행복하게 자란다. 육아는 의무적으로 해내는 게 아니라 즐거워서 능동적으로 해내는 게 되어야 한다.

군대에서는 '피할 수 없으면 즐기라'고 입버릇처럼 말한다. 군대에서는 다른 선택이 없기 때문에 억지로라도 즐기려고 노력할 수 밖에 없다. 억지 즐거움은 실제 즐겁지 않다. 피할 수 없으면 즐기라는 말은 군에서 귀에 못이 박히도록 듣는 말이지만 실제 군생활을 즐겼다고 하는 사람을 만난 적은 없다. 억지 즐거움이 어찌 즐거울 수 있을까?

선택 가능한 여러 선택지 중에서 즐길 수 있는 길이 있다면 무조건 그 길을 찾아가면 된다. 길은 찾는 자의 것이다. 가만히 있으면서 이룰 수 있는 것은 없다. 즐거운 육아에 대한 원칙들을 배워 스스로의 것으로 만들기만 하면 육아는 더 이상 힘들고 스트레스 받는 일이 아닐 것이다. 조금만 관심의 영역을 넓히면 된다. 하루 10분만 시간을 내보라. 부모와 아이의 인생이 바뀐다.

부모가 행복하면
아이도 행복해진다

살아있는 동안 행복하라. 죽어있는 시간이 길 것이니.

– 스코틀랜드 속담

🐾 육아의 목표는 행복한 아이로 길러내는 것

매일 살아가는 일상에 어떤 원칙을 가지고 사는 사람들의 일상은 다르다. 삶의 원칙을 가진 사람들은 의도한 삶을 살게 되고 자신이 원하는 삶을 추구하기 마련이다. 자기계발서에서 자주 만나는 말을 떠올려 본다. 생각대로 살지 않으면 사는 대로 생각하게 된다는 말. 아무런 목표나 원칙이 없이 살면 그냥 살아지는 대로 살게 된다. 살면서 하는 후회 중 대부분이 하지 못한 것에 대한 후회들이다.

삶의 목표나 원칙도 없으면서 육아에 대한 원칙을 세우고 지켜나가기 힘들다. 어떻게 아이들을 키울까에 대한 문제는 어떻게 살 것인가에 대한 고민 없이 해결하기 힘들다. 자신의 행복을 위해 매진하지 않는 사람이 자신의 아이들이나 타인의 행복을 위해 힘쓸 가능성은 희박하다. 스스로 행복하지 못하면서 다른 사람을 행복하게 해줄 가능성 역시 없다. 결국 다른 사람들을 행복하게 해주는 사람은 이미 자신의 삶을 행복하게 꾸려나가는 사람들이다. 스스로 행복에너지가 넘쳐나는 사람이 다른 사람들에게 행복에너지를 전할 수 있다.

육아의 목표는 당연히 아이를 행복하게 키우는 것이다. 행복한 아이로 키워내겠다는 명확한 목표를 가지고 있지 않다면 자신이 처한 상황에 따라 부모는 늘 흔들리기 마련이다. 부모가 흔들리는 이유는 단 하나다. 자신의 삶에 대한 만족도가 떨어지고 살아가는 게 힘겹기 때문이다.

아이를 셋 키우는 주부가 있다. 늘 생계를 위해 하는 일도 힘겨운데 아이들 셋 뒷바라지까지 하려니 매일 정신 없이 바쁜 나날을 보내고 있다. 그런 상태에서 아이들 모두에게 온전한 관심과 사랑을 줄 수 있을까? 안타깝게도 아이들 셋 다 제대로 보살핌을 받지 못하고 있다. 부모가 일상을 살아내기에 급급한데 육아에 힘쓸 겨를이 생길 수가 없는 것이다.

육아에 신경을 쓸 겨를도 없는 부모에게 더 많은 관심과 사랑을 아이들에게 주어야 한다는 조언은 아무런 도움이 되지 못한다. 하지만 자신의 삶의 무게 때문에 자식들의 성장에 무심한 부모는 이미 부모 자격을 상실한 것이다. 아이들 미래가 어두울 수 밖에 없다.

🐾 부모의 행복을 먼저 챙기자

어떻게 사는 것이 행복한 삶인가에 대한 조언들을 많이 듣는다. 그만큼 행복이 현대를 살아가는 이들의 중요한 이슈 중의 하나기 때문이다. 어쩌면 행복하지 못한 사람들이 넘쳐나기 때문일지도 모른다.

산 너머 저쪽

산 너머 고개 너머
먼 하늘에
행복은 있다고
사람들은 말하네.

아, 나도 남 따라
찾아갔다가
눈물만 머금고 돌아왔다네.

산 너머 고개 너머
더욱더 멀리 행복은 있다고
사람들은 말하지만.

– 카를부세

많은 사람들이 꿈꾸듯 바라는 조건들이 있다. '승진만 하면', '돈을 좀 더 벌게 되면', '대학에만 들어가면' 이란 조건만 충족되면 행복할 거란 막연한 기대들이다. 하지만 승진한 사람 중에 부자가 된 사람 중에 그리고 대학에 들어간 사람 중에 그로 인해 행복해졌다는 사람들이 얼마나 될까?

원하는 꿈을 이루게 되면 그 순간은 행복할지 모른다. 하지만 현재 수준보다 더 나은 것을 목표로 하는 순간 행복은 산 너머 고개 너머로 건너가 버린다. 끝없이 욕망하는 인간의 본성이 행복을 미래로 미래로 자꾸 미뤄 버린다.

그래서 행복은 마음 먹기에 달려있다고들 말한다. 절대적인 행복은 없으며 행복은 상대적이라는 것이다. 지금 어떤 상황에 있든 그것을 행복이라 여기면 행복이 되고 불행이라 여기면 불행이 된다. 불가에서 말하는 일체유심조(一切唯心造)에 해당하겠다. 즉 모든 것은 마음먹기에 달린 것이다.

> 행복한 일이 따로 있는 것이 아니라, 행복을 느낄 줄 아는 마음의 여유가 행복을 만든다. 행복할 땐 행복의 마지막 한 올까지 한껏 느낄 줄 아는 여유가 필요하고, 불행할 땐 그 감정에 지나치게 빠지기보다 냉철하게 그 불행의 원인을 성찰하는 것이 필요하다.
>
> – 정여울, 《그때 알았더라면 좋았을 것들》, P. 112

어떤 조건을 전제로 행복을 꿈꾸면 살아있는 동안 행복하지 못할 수도 있다. 하지만 우리 주변에서 작은 행복이라도 찾을 수 있는 마음의 여유와 감성만 있다면 행복은 먼 곳에 있지 않다는 걸 깨닫게 된다. 잡다한 일들로 혼란스러운 일상을 마음의 여유를 가지고 바라볼 수 있게 되면 그간 감지하지 못 했던 행복들을 찾을 수 있게 된다.

불행을 느낀다면 내가 왜 그것을 불행이라 여기는지 곰곰이 생각해 볼 필요가 있다. 불행이란 부정적인 감정의 힘은 대단한 힘을 발휘한다. 부정적인 생각에 빠져들면 늪에 빠진 듯 쉽게 헤어나오기 힘들다. 우리 모두는 긍정적이기보다 부정적인 상태로 빠지는 연습만을 해 온 듯 쉽게 부정적인 기분에 휩싸인다.

과거의 불행했던 순간들을 훗날 다시 돌아보면 그렇게 심각한 일이 아니었다는 걸 쉽게 깨닫게 된다. 사안의 경중을 떠나 우리가 힘겹게 받아들이기 시작하면 별 것 아닌 것도 대단히 힘겨운 일이 되어 버린다. 어려움에 처한 그 순간에는 고통을 더 과장해서 느끼게 되는 법이다. 하지만 지나고 나면 별 것 아닌 일들이 되어버리니, '이 또한 지나가리라'란 말로 순간을 헤쳐나가라는 지혜를 많이들 이야기 하는 것 같다.

그래서 좀더 큰 안목으로 스스로가 느끼는 불행을 살펴볼 필요가 있다. 다른 시선으로 바라보지 못한 불행감은 쉽게 모든 것을 부정적으로 만들어 버리기 때문이다.

🐾 일상을 행복으로 바꾸는 방법

행복은 어쩌면 우리의 계산된 생각으로는 얻을 수 없는 것일지 모른다. 생각을 하기 보나 느낌에 의존해 보면 의외로 쉽게 찾을 수 있다. 행복해지기 위한 조건에 너무 집착하지 말고 내가 행복을 느끼는 순간이 언제였는지를 떠올려 보는 것이다. 손쉽게 내가 행복해지기 위한 길을 찾는 길이다. 조건을 바꾸는 게 아니라 나를 바꾸면 행복해 진다는 얘기다.

> 실험을 통해 행복한 표정을 지을 때 인생에서 좀 더 긍정적인 순간
> 을 떠올리고, 슬픈 표정을 지을 때 부정적인 순간을 떠올리게 된다
> 는 사실을 확인했다. 여러분의 과거를 좀 더 긍정적으로 바라보길
> 원하는가? 그렇다면 똑바른 자세로 앉아서 행복한 표정을 지어보
> 자. 나머지는 우리 두뇌가 알아서 할 것이다.
>
> – 리처드와이즈먼, 《립잇업Rip it up》, P. 165

회사에서 채용을 담당하고 있기 때문에 구직자들에게 면접에 대
한 질문을 많이 받는 편이다. 면접은 면접관에게 자신의 이미지를
직접 전달하는 자리다. 그래서 구직자들에게 무조건 밝은 이미지를
줄 수 있도록 노력하라고 한다. 그건 어렵지 않다. 단 한 가지만 잘
하면 된다. 밝게 웃을 수 있으면 된다.

그런데 그게 쉽지 않다. 평소 잘 웃지 않은 사람, 행복하지 않은
사람은 자연스런 웃음이 나오지 않는다. 평소 굳어있던 얼굴이 갑자
기 밝고 명랑한 얼굴로 바뀔 수 없기 때문이다. 그러니 어색한 웃음
만 지을 수 있을 뿐이다.

평소 잘 웃지 않기 때문에 행복하지 않은 것이다. 여러 과학적인
실험들이 행복한 표정을 짓는 것만으로도 행복해진다는 것을 입증
하고 있다. 밝은 표정과 웃는 표정을 자신의 무기처럼 얼굴에 장착
하고 다닌다면 자신에 대한 이미지와 일상이 바뀐다. 사람은 자신과
비슷한 사람을 주위에 끌어들인다고 한다. 자기가 밝고 행복하면 주

위에 행복한 사람들이 모여들기 마련이다. 그리고 행복 에너지도 주위로 전파한다.

아이를 행복하게 키워내는 사명감을 안고 있는 이 세상 모든 부모들은 늘 행복감에 웃는 모습이어야 한다. 얼굴에서 웃음이 사라지는 순간 아이도 불행해 진다고 믿도록 하자. 부모가 화를 내고 짜증내면 아이도 그걸 보고 배운다. 다른 사람들에게 똑같이 한다. 아이들은 부모의 거울이기 때문이다.

지금 이 순간 자신의 표정을 한번 느껴 보자. 얼굴 근육이 굳어 있는 느낌이라면 바로 미소를 지어보자. 얼굴 근육에 한껏 힘을 주고 웃는 모습을 만들어보자. 약간 어색하다 싶으면 좀 더 얼굴이 단련되어야 한다. 더 많이 웃도록 노력해야 한다. 지금처럼 매 순간 약간의 관심과 노력이 일상을 행복하게 바꿀 수 있음을 잊지 말자.

❸
육아법, 매일매일
독하게 실천하자

군자란 말보다 앞서 행동을 하고 그 다음에 그에 따라 말을 한다.

– 공자

'실천의 문제는 대체로 무엇을 해야 하는지 모르는 데 있는 것이 아
니라 하지 않는 데 있다.'

유럽의 피터 드러커라 불리는 헤르만 지몬의 말이다. 우리는 보통
알면서도 하지 않는 것들로 힘들어 한다. 계속 힘든 삶을 산다. 다이
어트, 금연, 금주 같은 것들이 대표적이다. 내일부터 혹은 다음 달부
터 다이어트 하겠다는 말을 숱하게 듣고 있다. 결코 지금부터, 오늘
부터라고 하지 않는다.

단지 행하면 되는 데도 하지 않을 뿐 아니라 당장 하기 보다 일단
미루고 보는 우리들. '그냥 하면 되지' 라고 쿨하게 말하긴 너무나 쉽
다. 그런데 실제 행하기는 너무 어렵다. 말대로 생각대로만 됐다면
우리 모두는 분명 지금과 다른 삶을 살고 있을 게 뻔하다.

그런데 마음 먹은 대로 완벽하게 사는 사람은 없다. 그런 사람이 있다면 세간의 존경을 받을 만 하다. 하지만 평범한 우리는 단지 조금씩 개선해 나가는 것만으로도 칭찬받을 만하다.

실천해야 할 것이 10가지나 되면 해내기 힘들다. 간단한 단 한 가지에 독하게 매달리겠단 각오면 해낼 가능성은 아주 높아진다. 시작하기도 힘든데 꾸준히 힘써 노력해야 하는 일에 오래 매달릴 가능성은 무척 낮다. 그러니 쉽게 할 수 있는 일들로 성공 가능성을 높여보자.

🐱 마음 먹은 게 다가 아니다.

연못가에 개구리 세 마리가 모여있었다. 더운 날씨에 나른해진 개구리들은 생각했다.

'시원한 물 속으로 뛰어들어야겠어.'

잠시 후 연못가에 남은 개구리는 몇 마리일까?

아마 자주 접했던 이야기일 것이다. 물론 논리적인 정답이 있는 문제가 아니다. 단순히 교훈을 주기 위해 자주 인용되는 이야기다.

우리들 대부분은 세 마리 모두 물로 뛰어들었을 거라 추측하기 쉽다. 하지만 이야기가 의도한 건 그걸로 끝이 아니다. 세 마리 개구리가 모두 물로 뛰어든 게 아니라 단지 들어가야겠다고 마음만 먹은 것이 힌트라면 힌트다. 나른한 상태에서 움직이는 불편함을 무릅쓰고 뭔가를 시도한다는 게 경험상 쉽지 않은 일이다. 그런 우리들의 모습을 꼬집는 이야기라고 할 수 있다.

생각으로나 말로는 뭐든 다 할 수 있을 것 같지만 실제 행동으로 옮겨야 하는 순간에는 머뭇거리거나 귀찮게 느낀 경험들을 많이 한다. 지금 몹시 피곤하고 힘들어도 미래에 대한 약속은 쉽게 하는 게 보통 사람들 마음이다. 지금 당장 할 일이 아니니 깊이 생각하지 않는 것이다. 하지만 시간이 흘러 그때가 되면 지금 하기 싫은 일은 그때도 하기 싫기 마련이다.

그러니 뭔가를 결심했다면 즉시 행동으로 옮기는 결단력이 필요하다. 생각만으로 그냥 흘려 보내는 시간들이 얼마나 많은지 실제 측정을 해보면 까무러칠지 모른다. 최선을 다해 살자는 것을 좌우명으로 삼아 보지 않은 사람은 없을 것이다. 그리고 어떤 과제든 최선을 다해 하겠다고 결심하거나 공언해보지 않은 사람도 없을 것이다. 그런데 마음먹은 대로 실행해 본 사람이 얼마나 될까?.

'Just Do It' 지금 당장 하라는 말. 나이키 광고에서도 자주 등장하는 말이다. '생각의 속도로 실행하라'는 책도 있다. 빛의 속도로 실행하고 싶게 만드는 말이다. 나른할 때 얼마나 자극적인지 모른다. 우리들 대부분이 뭔가를 하려고 할 때 생각차원에서 그치고 말기 때문에 더욱 자극적으로 받아들인다. 잘 실행하지 못하는 답답함을 해소 시켜줄 마법과 같은 말로 여겨지기 때문이다. 당장 실행하지 않고 '나중에 실행하자'고 마음 먹기가 얼마나 쉬운가.

삶을 개선하지 않으면 마음만 먹고 실행은 하지 않다가 'Just Do It'에 자극 받는 일상이 반복될 것이다. 그런 악순환을 벗어나는 길은 게으름을 떨쳐버리고 몸으로 부지런을 떠는 수 밖에 없다. 하기 싫다는 거부감, 할 수 없다는 마음의 장벽을 걷어내는 것이 중요하다. 일단 시도하고 보면 길이 보이는 경우가 다반사다. 그리고 몸을 움직여 행하기만 하면 조금씩 추진력을 갖게 된다. 그래서 지겹기도 하고 진부하게 느껴지지만 다시 한번 구호처럼 외쳐보길 바란다. '지금 당장 실행하자'고 말이다.

🐾 쉬운 육아법 매일 실천하기

어렵게만 느껴지던 육아 방법은 일단 뒤로 제쳐두자. 일상에 바쁜 아빠가 육아에 뛰어든답시고 이것 저것 배운 대로 챙기려다 보면 쉽게 포기하고 만다. 가장 기본적인 것에 충실하자. 기본에 충실하며 한 가지라도 습관으로 다져 놓으면 다른 일을 하기가 너무 쉬워진다. 하나도 제대로 못하기 때문에 다른 일을 시도하기가 쉽지 않은 것이다.

이 책에 언급된 쉬운 10분 육아법들, 누구나 할 수 있어서 하나도 어렵지 않은 육아법들을 굳게 마음 먹고 매일 실천해 보자. 물론 또 결심만 해선 안 된다. 그것이 흔히 빠져드는 함정임을 우리는 이미 알고 있다. 아는 것이 힘이 아니라 실행하는 것이 힘이다. 잘못된 생활 습관을 과감히 벗어 던질 수 있는 추진기를 장착하고 질척한 늪과 같이 느껴지던 정체된 일상을 힘차게 벗어나 보자.

'일센티 시리즈'의 감성 작가 김은주의 〈달팽이 안에 달〉에는 '매일의 기적'이라는 느낌 있는 글이 있다.

매일의 기적

달팽이의 걸음이
가장 빠른 걸음이 될 수 있는 방법,

호떡 파는 할머니가 10억을 모으는 방법,

코흘리개 소녀가 세계적인 발레리나로 무대 위에 서는 방법.

그 방법은 단 한가지,
매일의 기적이다.

아무리 눈코 뜰 새 없이 바쁜 사람도,
걸음이 느리고 느린 사람도
하루에 한 발자국, 아니 반 발자국만 앞으로 나아간다면
어느새 지구 한 바퀴를 돌아
목적지에 도착한 자신을 발견할 것이다.
오를 수 없으리라 생각했던 정상에 서게 될 것이다.
누구도 기대하지 못한 일들을 이루어낼 것이다.

하루는 물방울처럼 미약할 지 몰라도
매일은 바위를 뚫는 빗방울처럼 강하다.

기적은 매일 속에 숨어 있다.

나는 이렇게 말하고 싶다. 하루 10분, 하루도 빠지지 않고 실천하는 10분이 하찮게 느껴질지 몰라도 낙숫물이 바위를 뚫듯 언젠가는 기적과 같은 결실을 보게 될 거라고. 매일 실천하는 일이 우리가 전혀 상상도 못했던 마법과 같은 효과를 낸다. 기적과 같은 일을 만들어 내기도 한다. 단지 우리가 그만큼 실천해 보지 않았기 때문에 체감하지 못했을 뿐이다.

아이들과 10분만 할 수 있는 것들을 빼먹지 않고 실천해 보자. 아이들에게 전혀 관심을 가지지 않을 때와는 전혀 다른 일상이 된다. 아빠의 역할에 충실해지면 더욱 뿌듯함을 느끼게 된다. 그리고 아이들과의 관계도 이전보다 훨씬 더 호전 될 것이다. 아빠의 사랑과 관심을 받고 자란 아이는 더 행복한 아이로 자란다. 하루 10분 아이와 함께 하는 시간이 이 정도의 행복을 가져다 준다면 하지 않을 이유가 전혀 없다.

시간이 너무 빠르게 흘러 버린다고들 한다. 나이가 들수록 시간이 흐르는 속도는 날로 가속도가 붙는 듯 하다. 반면에 아직 어린 아이들을 키우는 아빠들은 언제 다 키우겠냐는 얘기들을 한다. 보통은 양육비 걱정에 따른 것이다. 하지만 생각보다 아이들은 빨리 큰다. 시간이 빠르게 흘러버린다고 생각하는 만큼 빨리 말이다.

정신 차리고 보면 부쩍 커진 아이들을 확인하게 되는 때가 온다. 쏜살같이 흘러버리는 시간을 알차게 의미로 채우는 방법은 매일 해야 할 일에 집중하는 방법 밖에 없다. 매일 했던 일은 어느 순간 큰 만족을 줄 것이고, 계획했지만 하지 못했던 일은 금세 후회로 남게 된다. 시간이 훌쩍 지나가 버리기 때문이다.

> "춤쟁이는 매일 춤춰야 하고, 환쟁이는 매일 그려야 하고, 글쟁이 는 매일 써야 한다. 마치 검객이 매일 수련하지 않으면 목숨이 위 태롭듯이 매일 수련해야 한다"
>
> – 구본형, 《나는 이렇게 될 것이다》, P. 121

매일 해야 하는 것들을 빠지지 않고 해내는 것이 세월 빠름을 한 탄하지 않는 유일한 방법이다. 미래를 바꾸는 가장 좋은 방법이다. 매일 해내고 있는 일들을 확인해 보면 미래를 예측해 볼 수 있다. 육 아에서 후회하지 않는 방법 역시 매일 아빠로서 해야 할 일을 실천 하는 것이다.

❹

아이의 마음만 알아도
아이가 변한다

사람들이 그들의 가장 바람직한 모습이 되도록 도와주어라. 그리고 그들
이 이미 가장 바람직한 모습이 된 것처럼 대하라.　　　　　　－ 괴테

🐾 대화는 마음을 나누는 것

부모들은 모두 대화에 서툴다. 그리고 사랑 표현에도 서툴다. 그
러니 아이와의 교감이 쉽지 않다. 아이의 감정을 알아주거나 받아주
기에도 미숙하다. 그러니 아이들과 대화를 나누는 게 아니라 언쟁을
벌이기 쉽다. 자녀의 생각이나 감정을 감지하지 못하니까 무조건 부
모의 생각을 강요하다 보니 그렇다.

대화를 할 때 서로의 입장을 이해하기 보다 자기 주장만 내세울
때 의견 충돌은 자연스럽게 일어난다. 아이와의 대화에서도 마찬가
지다. 특히 아이들은 자기 입장을 고집하는 경우가 많다. 어른들처
럼 양보와 이해를 기대하기 어렵다. 그런데다 부모가 아이의 입장을
고려하지 않은 채 부모 의견을 강요하면 갈등의 불씨를 안고 대화를

하는 것과 같다.

그렇다고 부모가 무조건 양보하라는 게 아니다. 아이가 어떤 입장에서 자기 생각을 이야기하는지 숙고해야 할 때가 있다. 일상적인 대화를 할 때 사실 문제가 없다. 아이와 감정적인 갈등이 생길 때가 있다. 아이가 부모의 감정을 건드릴 때가 있다. 이럴 때 부모 입장만을 대변하며 속사포처럼 아이에게 쏘아붙여 버리면 아이의 감정은 전혀 배려되지 못한다. 화가 나거나 짜증이 날 때 자제할 줄 알아야 실수를 하지 않는다. 이성적인 상태라야 아이의 입장이나 감정을 헤아리게 된다.

아이의 입장을 공감하기 위해 노력해 보자. 평소 이런 훈련이 필요하다. 아이가 문제를 일으켰을 때 특히 부모의 반응에 따라 아이가 어떤 심정이 될지 헤아려 보려고 노력해야 한다. 아이 입장을 전혀 생각하지 않고 부모의 생각만 쏟아내 놓으면 자칫 아이가 상처를 입을 수도 있다. 그런 사례를 길을 가다가도 만나는 경우가 있다.

대로변에서 엄마가 아이를 혼내는 경우를 자주 본다. 어떨 땐 팔을 들게 해 벌을 세우는 경우도 있었다. 지나는 사람들에게 보여주기라도 하듯이 말이다. 아이의 입장을 조금만 배려할 줄 아는 부모였다면 절대 일어날 수 없는 일이다. 아이가 상처를 받을 수도 있다는 생각을 했더라면 말이다. 그만큼 부모가 이성을 잃으면 물불을 가리지 않게 된다.

어른들끼리 대화에서도 서로의 감정이 무시되거나 거부를 당하면 쉽게 이성을 잃게 된다. 그런 경우 언성을 높여 자기 입장만을 주장하게 되고, 심지어 서로에게 상처가 되는 말까지도 서슴없이 하게 된다. 갈등의 골이 깊어질 수 밖에 없다.

평소 나의 생각이나 감정이 무시되었을 때 어떤 느낌이었는지 떠올려 보면 아이들의 입장을 이해하기 쉽다. 어른들과 마찬가지로 자신의 마음을 이해 받지 못한 아이들도 화가 난다. 그런데 표현을 못하니 속으로 앓게 되는 것이다. 그게 쌓이고 쌓이면 적대감으로 바뀌게 된다.

신이 아이들을 보내는 이유

신이 우리에게 아이들을 보내는 까닭은
시합에서 일등을 만들라고 보내는 것이 아니다.

우리의 마음을 더 열게 하고
우리를 덜 이기적이게 하고
더 많은 친절과 사랑으로
우리 존재를 채우기 위해서다.
우리 영혼에게 더 높은 목적을 일깨우기 위해서다.

신이 우리에게 아이들을 보낸 까닭은
신께서 아직 포기하지 않았다는 뜻이다.
여전히 우리에게 희망을 걸고 있다는 뜻이다.

　- 메리 보탐호위트

네이티브 아메리칸 '인디언'들의 언어에는 '사랑한다'는 말이 없다고 한다. 사랑은 표현하는 것이지 말로 하는 것이 아니기 때문이다.

아이를 사랑한다면 늘 소중하게 대할 수 있어야 한다. 말로는 사랑한다고 하면서 평소 부모의 행동에서 배신감을 느낀다면 아이들은 부모의 말을 더 이상 믿지 않을 것이다. 신뢰를 잃어버린 서로의 미래가 어떨지 불을 보듯 뻔하다.

말로만 하는 사랑은 자식과의 관계도 악화시킬 수 있다. 가족 간이라고 해서 편하게 생각해선 안 된다. 부모가 방심하는 사이 아이와의 관계가 보이지 않게 금이 간다는 사실을 잊지 말아야 한다. 그 결과는 아이들이 부모의 품 안에서 벗어나는 순간 바로 확인하게 된다.

🐱 말이 통하는 부모가 되자

아이들이 말을 할 때 보통의 부모들은 입을 다물고 조용히 아이 말을 경청하는 대신 끼어들어 충고하고 나무라거나 자기 생각만 일방적으로 말한다. 자기도 모르게 아이 말을 듣고 싶지 않다는 메시지를 아이에게 전하는 셈이다.

아이들의 말을 평소에 귀 기울여 듣도록 하자. 아이들을 이해하는 유일한 방법이다. 흔히 아이들은 아빠 엄마와 말이 안 통한다고들 한다. 반대로 부모들은 아이가 무슨 생각을 하고 있는 건지 알 수 없다고들 한다. 서로 대화가 없고 대화를 하더라도 건성으로 하기 때문에 이런 일이 벌어진다.

부모 자식 간이라고 하면 자연스럽게 사랑이란 단어를 떠올리게 된다. 사실 그것 때문에 부모가 긴장을 늦추는 것일 수 있다. 부모가 어떻게 아이를 대하던지 간에 아이를 사랑해서 그렇다고 착각하는 것이다. 아이에게 하는 말과 행동 모두 아이에 대한 사랑의 표현이라고 믿는 것이다. 그러니 아이가 울며 자기의 아픔을 얘기해도 부모는 자기 입장만을 표현할 뿐이다. '모든 게 널 위한 것'이라고 하면서 말이다.

대부분의 부모들이 육아에 대한 사전 지식이 없이 아이를 대한다. 아이의 마음을 공감하거나 따뜻하게 대화를 나누는 방법도 모른 채 아이들을 대한다. 그러니 좌충우돌 실수 연발이다. 부모가 편한 방식으로 아이를 대한다. 그러니 좋을 땐 좋지만 아이들이 부정적인 감정을 보이면 이를 통제하고 억누르려고만 한다. 당연히 갈등이 생긴다.

아이가 아무 말도 않고 화를 내거나 격한 감정을 나타낼 때 부모의 태도가 중요하다. 아이의 태도가 부모의 기분을 거스르면 부모가 한술 더 떠 노발대발 하는 경우가 있다. 그럴 때 일수록 아이와의 관계를 더욱 돈독히 할 수 있는 기회라고 생각하고 아이의 입장을 이해하려고 노력해 보자. 무조건 아이 편이 되어주려고 해보자. 부모가 아이의 입장을 배려하려 들면 아이는 자연스럽게 마음의 문을 열게 되어있다.

부모는 내가 하는 말이나 행동 중에서 어떨 때 아이에게 상처를 주고, 어떨 때 아이에게 친밀감을 쌓게 되는지 경험을 통해 알아야 한다. 책으로 읽은 대화법이 실제 도움이 되는 경우는 극히 드물다. 책에서와 똑같은 상황을 만나기 힘들기 때문이다. 단지 어떤 의도를 가지고 아이와 대화에 임해야 하는지 기본적인 자세만 한결같으면 된다. 부모 입장을 고집하며 아이와의 거리감을 높일 것인지 아이 입장을 이해하려 노력하며 친밀감을 높일 것인지는 전적으로 부모의 태도에 달려있다.

아이들 공감 능력을 키워주기 위해서는 부모가 아이들과 제대로 공감할 줄 알아야 한다. 부모가 뛰어난 감수성으로 아이들의 마음을 읽어낼 수 있어야 공감이 가능하다. 스스로 공감 능력이 부족하게 느끼는 부모라면 평소 더 많이 아이의 입장을 이해하려는 노력이 요구된다.

육아는 부모와 아이 모두
성장하는 과정

좋은 아이를 만들려면 먼저 좋은 엄마가 되어야 한다"

"아이와 함께 자라는 부모"

"부모가 행복하면 아이의 행복이 두 배로 커진다"

"아이에게 엄마는 우주, 엄마 먼저 행복해지기"

"엄마가 행복하고 건강해야 아이가 정서적으로 행복합니다"

"크게 될 아이는 부모의 습관이 다르다"

"부모의 책임은 아이들이 스스로 삶에 대처하며 살아갈 수 있도록 돕는 것이다"

각종 육아서에서 하는 말들이다. 어느 책에서나 육아에 있어 부모 역할의 중요성을 비중 있게 다룬다. 당연히 육아서의 독자는 부모가 된다. 이 땅의 모든 부모들이 읽고 활용해야 할 육아에 대한 상식들과 부모의 마음가짐을 담고 있다.

육아에 대해 아는 것보다 훨씬 더 중요한 것이 있다. 바로 부모의 마음가짐이다. 육아를 배운 적이 없었던 부모라면 아이를 대하는 태도가 바뀌어야 한다. 육아서를 읽고 깨닫는 바가 있어야 한다. 바로 부모가 아이의 미래를 결정한다는 사실이다.

부모의 역할이 아이에게 끼치는 영향력이 얼마나 지대한지를 깨닫기만 하면 육아를 대하는 태도가 달라진다. 아이 앞에서 보이는 말 한마디, 행동 하나가 달라질 수 밖에 없다. 부모가 바뀌어야 아이가 바뀐다는 것을 알고 육아에 임하는 것과 그렇지 않은 경우는 결과가 판이하게 달라진다.

육아를 배운다는 것은 단순히 아이를 키운다는 의미보다 부모가 자기 정체성을 찾아가는 과정이라고 할 수 있다. 그래서 육아는 부모 자신이 성장하는 과정이라고들 하는 것이다. 부모의 성장 없이 아이가 먼저 성장해 주지 않는다. 먼저 주어야 받게 되는 세상의 진리는 육아에도 그대로 적용되는 것이다.

Epilogue

육아는 부모와 아이 모두 성장하는 과정

🐱 아이는 부모의 거울

이 책에서 우리 직장인 아빠들이 절실히 깨달았으면 하는 것도 이 것이다.

첫째, 내 아이의 성장을 위해 아빠가 육아에 참여해야 한다는 것.

둘째, 아빠의 역할이 얼마나 중요한지 깨닫는 것.

셋째, 육아를 통해 아빠도 성장하게 된다는 것이다.

부모가 아이들에게 하는 가장 큰 실수 중 하나가 자신은 변하지 않으면서 아이들에게 뭔가를 요구하는 것이다. 아이들이 아무 것도 모를 땐 그냥 시키는 대로 한다. 하지만 조금만 크면 표현을 하든 안 하든 이럴 것이다.

'아빠는 안 하면서' '아빠는 할 줄 모르면서'

자기는 안 하면서 나만 시킨다는 것이다. 이런 식이면 아이들이 고분고분 부모의 말을 들을 리 만무하다. 그래서 아이를 가르칠 때 가장 좋은 것은 직접 행동으로 보여주는 것이다. 말로만 지시하고 야단치는 행위는 바보도 할 수 있는 일이다. 사람들은 누군가를 훈계할 때 가장 똑똑해진다고 한다.

상대가 인정해줄 때에나 일방적인 지시가 가능하다. 아이들이 부모에 대한 불신의 씨앗을 품기 시작하면 부모의 말에 제대로 따르지 않는다. 따른다 하더라도 불만을 품고 따른다. 그런 식의 육아가 아이들에게 통할 리 만무하다. 그런데 대부분의 부모들이 '말로 하는 육아'에만 능하다.

아이들은 부모의 거울이다. 아이들 모습이 곧 부모 모습이라고 보면 된다. 아이들이 가진 잘못된 습관은 부모들의 것일 수 있다. 아이들이 잘못하는 언행은 모두 부모에게서 배운 것일 수 있다. 부모 자신을 돌아보지 못하고 아이들을 훈계한다면 아이들은 혼란스러울 수 밖에 없다. 부모 스스로 잘못된 것을 행동으로 가르치고 있는 셈이 되기 때문이다.

육아는 부모와 아이 모두 성장하는 과정

　이제 부모가 스스로 바뀌고 성장하는 육아에 집중해야 한다. 육아에 참여하는 자체가 아빠로서는 대단한 성장의 문턱을 넘게 되는 일이다. 그래서 단 10분으로 시작해보라고 하는 것이다. 시작이 반이라고 했다. 일단 10분만이라도 아이 생각을 하는 아빠는 향후 아이를 위한 시간을 낼 가능성이 높아진다. 관심이 아예 없는 것과 있는 것 차이는 엄청나다. 단 10분이라고 해서 무시할 일이 아닌 셈이다.

　이 책을 통해 육아에 관심을 끊었던 우리 직장인 아빠들이 아이들에게 눈을 돌리는 계기가 됐으면 하는 바램이다. 이를 계기로 아빠도 아이도 훌쩍 성장해가는 기회가 되어주었으면 한다. 아빠들이 아이들의 든든한 지원군이 되어준다면 우리 사회가 불행한 아이들로 몸살을 앓을 일도 없을 거라고 믿는다. 내 아이를 향한 관심과 사랑이 우리 사회를 바꾸는 밑거름이 됨을 확신한다.

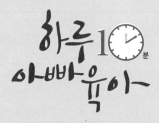

초판발행일 | 2015년 11월 25일

지 은 이 | 안성진
펴 낸 이 | 배수현
디 자 인 | 박수정
제   작 | 송재호

펴 낸 곳 | 가나북스 www.gnbooks.co.kr
출 판 등 록 | 제393-2009-000012호
전   화 | 031) 408-8811(代)
팩   스 | 031) 501-8811

ISBN 979-11-86562-15-4 (03370)

※ 가격은 뒤 표지에 있습니다.

※ 잘못된 책은 구입하신 곳에서 교환해 드립니다.